丛书

学习科学：
友善用脑

李荐 方中雄 著

商务印书馆
The Commercial Press
2017年·北京

图书在版编目（CIP）数据

学习科学：友善用脑 / 李荐，方中雄著. —北京：商务印书馆，2016（2017.3重印）
（友善用脑丛书）
ISBN 978-7-100-12656-4

Ⅰ. ①学… Ⅱ. ①李… ②方… Ⅲ. ①学习方法—研究 Ⅳ. ①G791

中国版本图书馆CIP数据核字（2016）第252784号

权利保留，侵权必究

友善用脑丛书
学习科学：友善用脑
李荐 方中雄 著

商 务 印 书 馆 出 版
（北京王府井大街36号 邮政编码100710）
商 务 印 书 馆 发 行
北京市艺辉印刷有限公司印刷
ISBN 978-7-100-12656-4

2016年12月第1版 　　开本 880×1230 1/32
2017年3月北京第2次印刷 　印张 9 ⅞
定价：38.00元

全国教育科学"十二五"规划教育部重点课题成果
北京市学习科学学会推荐图书

编写委员会名单

主　任：周之良

成　员：（按姓氏笔画排列）

马宪平　方中雄　沙培宁

李　荐　时　龙　熊静敏

序

我们生活在大变革、大发展的时代。新的科技革命正在兴起,而且与产业变革交会。新知识、新技术不断涌现,形成"爆炸"式的增长,使人目不暇接,使教育面临严重的挑战,使知识的无限性与学习时间的有限性的矛盾日益突出。在这种情况下,学校无论怎样加班加点,加"教参",也不可能把日新月异的知识讲完全。

怎么办呢?

有识之士提出了"终身学习"的新理念,强调学习已不再是人生的阶段任务,而是贯穿人生全过程("从摇篮到坟墓")的一种生活方式,人只有学会学习才能学会生存;人人都是而且始终是学习者。因此学校教育的任务应有新的定位,要为人的终身学习奠基,其中最重要的是养成乐学之品质、会学之能力。这样,学生才有可能在大浪潮中与时俱进,持续发展。

与此同时,建设学习型组织、建设学习型社会的新观点、新举措陆续出台。

习近平主席在上海召开的外国专家座谈会上明确提出:"任何一个民族、任何一个国家都需要学习别的民族、别的国家的优秀文明成果。中国永远做一个学习大国。"（2014年5月24日《人民日报》）做"学习大国"，使"学习型"的战略布局从组织、社会等层面提升到国家层面，成为中国精神、中国梦的一个重要亮点。

研究学习、学会学习已经成为时代的热点，"以学习求发展"已经成为社会各界的热词。教育发展也出现了一个重要的趋势，即从重点研究如何教转向重点研究如何学。

在这个意义深远的变革中，"友善用脑"教育理论发挥了重要作用，给学校带来了许许多多的新变化。学校不再是"教校"，教师教课不再只是讲学，学生上课不再只是静听，教师转换角色当导师，做学习的组织者、引导者与合作者，学生则开始成为探索者、成为学习的主人。

友善用脑为什么能够"加速学习"呢？原因在于它依据脑科学的研究成果，改进了教与学的理念和方法，使学习变成愉快的、高效率的活动。

我曾经与很多同行一样，把一份讲稿改来改去，总想讲得越多越好、越细越好，结果常常是事与愿违，自己也会因好心未能得到好的结果而苦恼。友善用脑的教育理论使我耳目一新。原来搞好学习，必须懂得学习的心理和生理机制。对于大脑，既要用，更要养。善待大脑，大脑才可能正常工作；粗暴地对待大脑（如死记硬背、恐吓施压等），大脑就会"罢工"，拒绝处理信息，或者为了应急而产生有害的化学物质，使身体受损。创设了有利于大脑工作的条件，通过多感官教学，最大限度地激活大脑，学习就能够事半而功倍。

我特别赞赏友善用脑中的这个观点："我们是自然的一部分，活动要反映自然的规律。"

友善用脑是以人本主义思想为基础的。友善用脑的前提是友善待人，要尊重人、理解人、引导人自主成长。这同我国倡导的以人为本的观点是一致的。

推行友善用脑的实验学校不只是学习效率提高了，而且形成了良好的师生关系、同学关系，思维导图有情有趣，合作学习良性互动，健脑操生动活泼，师生的快乐度、幸福感都明显增强。建设和谐校园，使校园变成乐园已不再是可望而不可即的了。这大概就是按规律办事的效果，是科学与人文交会的威力。

北京市教育科学研究院、北京市学习科学学会为推广友善用脑，扎扎实实地拼了好几年，搞了教改实验，进行了课题研究。现在把这些年的经验进行总结是非常有益的。这些活的教育理论充满了智慧，并有可操作性。我自己就是友善用脑的受益者。为本书作序，也是为了表达对友善用脑理论的创立者、实践者的敬意。愿我们继续解放思想、除旧更新，为培养成功的学习者、为建设学习大国献出我们的热情和力量。

周之良
2015年春天于北师大

目 录

第一章 学习科学

第一节 学习

一、什么是学习　　1

二、学习的主体　　3

三、学习环境与学习的主体　　6

第二节 学习科学

一、什么是学习科学？　　11

二、以人为本的学习科学　　16

第三节 学习科学与教育学

一、以教师和学科知识为中心的教育学　　22

二、以学生为中心促进学生知识迁移的

学习科学　27

第二章　学习的主要器官：大脑

第一节　人类对大脑的认识

一、古人对大脑的逐步认识　35

二、文艺复兴带来的飞跃　44

三、哲学的追问与神经解剖学的诞生和发展　49

四、动物电的发现与大脑皮层不同功能的确定　52

五、深度研究大脑建立神经生物学　60

六、认知与意识的研究　78

七、神经生物化学、分子生物学探讨分子中的

信号传递　83

第二节　学习的主要器官：大脑

一、大脑的基本构造　104

二、大脑的功能　108

三、信息特使——神经元　113

第三节　神经生物学的发展对学习科学产生的意义

一、神经生物学奠定了学习科学的基础　118

二、神经生物学的性质决定了学习科学的人文性　122

三、学习科学的交互性取决于大脑的生理机能　126

第三章　学习科学与友善用脑

第一节　友善用脑的产生与发展

一、什么是友善用脑？　130

二、友善用脑的产生与发展　139

第二节　友善用脑的引进与本土化

一、友善用脑的社会基础　158

二、友善用脑本土化的过程　168

第三节　友善用脑学习

一、学情调查 175

（一）学情调查中涉及的基本概念　176

（二）问卷设计及统计方法　181

（三）学情调查的结果 184

二、友善课堂 189

（一）友善课堂的基本范式　190

（二）友善用脑课堂形式和基本元素　199

　　三、友善用脑课堂教学评价　269

结束语：迈向未来的教育　297

参考文献　300

后　记　303

第一章 学习科学

第一节 学习

一、什么是学习

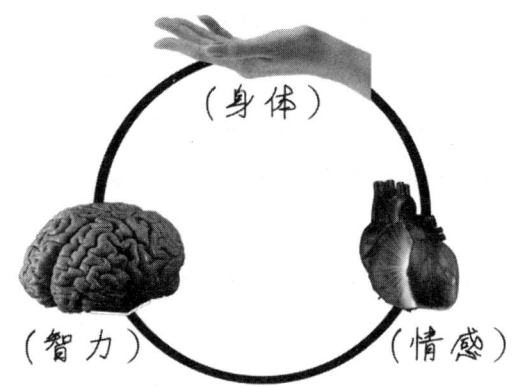

就人类而言,学习是人的身体、智力和情感协调互动、共同作用下对事物的认知和把握过程。学习的结果能使人的心智和行为产生持久的变化。

"学习"在汉语中是一个使用频率很高的词汇,但不同的人在脑海里反应的学习情境是不一样的。有人可能会想到孩子坐在教室里读书，有人可能会想到成年人围坐在一起讨论问题，也可能有人想到师傅带着徒弟在车间干活，还有人可能会想到参观、旅游、聊天、看电影……

到底什么是学习？其实上述情境中"学习"都有可能发生，学习是一个过程，是以对事物"认知"和"把握"为目标的过程，而这个过程又对人有着深远和重要的影响。《现代汉语词典（第5版）》对"学习"的解释是"从阅读、听讲、研究、实践中获得知识或技能"。"阅读、听讲、研究、实践"既是学习的方式，又是学习的过程，而"获得知识或技能"则是对事物的"认知"和"把握"。坐在教室里上课是听讲，一起讨论问题是研究，在车间干活、旅游等是实践。从本质上说不管学习的方式如何、学习的过程长短都是为了实现学习的目标，掌握知识和技能。而掌握知识和技能则能改变人的思维方式和行为特征，使人发生一定而且是持久的变化。丹麦学习学专家、国家学习实验室主任克努兹·伊列雷斯（Knud Illeris）在他的《我们如何学习——全视角学习理论》一书中把"学习"界定为："发生于生命有机体中的任何导向持久性能力改变的过程，而且，这些过程的发生并不是单纯由于生理性成熟或衰老机制的原因。"在这个定义中，"生命有机体"是指一切有学习能力的人或动物；"持久性能力改变"是学习的目的、结果或功效；"任何过程"包括了学习的一切方式；而"这些过程的发生并不是单纯由于生理性成熟或衰老机制的原因"则说明学习需要人的主观参与和设计，是一种有目的、有计划、有步骤的自为的活动。这种"有目的、有计划、有步骤的自为活动"被一些学者称为"系统",美国心理学家西蒙(H.A.Simon)认为学习是"系统为了适应环境而产生的某种长远变化,这种变化使得系统能够更有效地在下一次完成同一或同类的工作"。西蒙认为"学习是一个系统中所发生的变化,它可以是系统作业的长久性的改变,又可以是有机体在行为上的持久性的变化。""系统是由相互作用相互依赖的若干组成部分结合而成的,具有特定功能的有机整体",人是"有机整体",人的身体、智力和情感是这个有机整体中的"相互作用、相互依赖"的组成部分,人在认识和把握事物的过程中,心有所得、行有所变,产生了超越过去的效果,于是"学习"便在人身上发生了,学习的结果又反过来影响和促进着人的进一步发展。因此,**就人类而言,学习是人的身体、智力和情感协调互动、共同作用的对事物的认知和把握过程。学习的结果能使人的心智和行为产生持久的变化**。

二、学习的主体

"教"的作用和价值在于"示范","学"的关键和实质则是"领悟",学习者是"教"和"学"互动中的主体。

学习是人和动物与生俱来的能力,无论是人还是动物,在自然、社会中生活都要学习很多知识和技能,以满足他们生存的需要。猴子的攀爬，狼的群体进攻和彼此间的策略呼应，甚至小蜜蜂的"寻花问柳"……所有这些技能都是小猴子向老猴子、小狼向老狼、小蜜蜂向老蜜蜂学来的。人类的学习也是如此，小孩向大人学习，掌握了知识和技能就变成了孩子自己的能力，内化为孩子的本领。于是世上便产生了"教"和"学"，《说文解字》中对"教"的解释是"上所施下所效也"，老师、长者做出示范，孩子、学生跟着模仿。而对"学"的解释则是"觉悟也"，也就是说从模仿开始，学习者在对所学事物的感悟理解过程中内心真正有所领悟，把握了事物的根本，学习才真正发生。《说文解字》中对"习"字的解释是"数飞也"，是从小鹰学习飞翔、反复练习，引申出学习的不断巩固直至掌握。中国古人对"教"和"学"的理解是非常到位的，"教"的作用和价值在于"示范"，"学"的关键和实质则是"领悟"，学习者是"教"和"学"互动中的主体。

产生于战国晚期的、被称为世界上第一部教育理论专著的《学记》就探究了教和学的关系。《学记》中说："善学者，师逸而功倍，又从而庸之；不善学者，师勤而功半，又从而怨之。"在教学过程中，面对善于学习的人，老师会感到很轻松，教学效果又非常明显，学生顺着老师指出的道路勤奋努力，达到学以致用的目的；而对于不善学习的人，尽管老师很努力，收到的效果却不理想，学生也会埋怨老师。从这几句话中我们可以看出在学习过程中，处于主体地位的是学生而不是老师,在教和学的过程中"学"是关键,而老师的"教"则处于辅助地位。在《学记》中,作者以学生的发问和老师的作答为例,进一步阐述这个问题。"善问者,如攻坚木,先其易者,后其节目,及其久也,相说以解;不善问者反此。善待问者,如撞钟,扣之以小则小鸣,扣之以大者则大鸣,待其从容,然后尽其声;不善答问者反此。此皆进学之道也。"在学习过程中,质疑是必不可少的,会提问的人就像打磨坚硬的实木,先从容易的地方下手,一步一步再去处理树木当中的枝蔓节杈,因循纹理仔细雕琢,在长时间不断的探究之中,那些难解的问题也会在心情十分愉悦的状态下自然得到解决。而不善于发问的人则反其道而行之,效果也是相反的。老师回答学生的问题就像敲钟,木铎敲击钟体的力量小,钟的回声就小;木铎撞击钟体的力量大,回声也大。敲钟的人从容坚实、沉稳厚重,钟的声音才能悠远洪亮、绵延浑厚。而不善于回答问题的老师恰恰相反。这就是使学生不断增长学识、掌握本领的道理。问问题和回答问题是学习中的重要环节。从《学记》对提问和作答的描述中,我们也可以清楚地体味到作者对于"教"和"学"的态度。学是根本,教是辅助。会提问的学生能够遵循规律,由表及里,由易到难,即使遇到难题也能够在与老师不断切磋和探究中,心情愉悦地自己解决问题。而回答问题更是这样。老师要根据学生的提问,把握回答问题的分寸。就像孔子在《论语·述而》中所说:"不愤不启,不悱不发。"根据学生设问的迫切程度、问题深度，以及学生设问的思路，老师给予不同的回答。就像钟的回声一样，声音是敲钟人击钟发出的，但是却是根据敲钟人的力度决定声音大小的，而不是钟决定的。从《学记》的论述中，我们能够清晰地感到在"教"和"学"的过程中，"教"永远是处于辅助与指导地位，而学习的主体一定是从事学习活动的学生。

追寻英文"教育"的本意，"Educate"一词拉丁词根的意思是"由内而生"，这与中文"学"的意思完全一致。可见在远古的西方，对教育的理解与古老东方如出一辙，他们强调的也是"学习者"这个学习主体的内心"领悟"。东西文明远隔万里，但对"学"和"教"的理解大同小异。这不能不让我们深入思考"教育"和"学习"的根本目的和实际价值，明确在教育过程和教学活动中唯一的主体永远是学习者。

三、学习环境与学习的主体

学习的主要器官是大脑，情绪的变化影响大脑的判断和抉择。因此，学习也离不开感情的参与。学习是由学习者和学习环境共同构筑的一个共同体，学习的主体要全部投入其中，学习环境中的各个因素也对学习产生着影响。

既然"学习"是"发生于生命有机体中的任何导向持久性

能力改变的过程",那么"学习的主体"一定是这个"生命有机体"——"学习者"。生命有机体是动物,人是有情感的高级动物,在学习的生态链条中,人的学习处在最高端,我们就以人的学习为例,分析在学习过程中"人"的主体作用是如何发挥的。

人是学习的主体,认识事物、把握事物规律是人在社会生活中产生的社会需求和主观期望,因此在学习过程中要想实现学习目标,从学习者来说,学习的人"整体"都要积极投入,眼、耳、鼻、舌、口、四肢和大脑都会全程或部分地参与学习过程,特别是人的大脑作为学习的主要器官自始至终都在工作着。大脑一方面是人的智力体现,在获取知识、掌握技能的过程中发挥智力的作用,达到或实现学习目标;另一方面大脑也是人的情感控制中枢,调动大脑的相关皮层参与学习过程,促进或阻碍学习目标的实现。这就产生了实现学习目标的基本条件,即"人的身体、智力和情感协调互动、共同作用"。"协调互动"是说在学习过程中人的眼、耳、鼻、舌、口以及四肢不但要投入到学习过程中,而且要和人的大脑中的智力和情感因素配合得当,形成统一有序、张弛适当的工作节奏,完成学习任务。"共同作用"则强调了在学习过程中,人的身体、智力和情感缺一不可,也强调了人与学习环境互相依赖、互相影响、互相作用,形成系统,实现工作合力,达到掌握事物规律、取得很好的学习效果的目的。

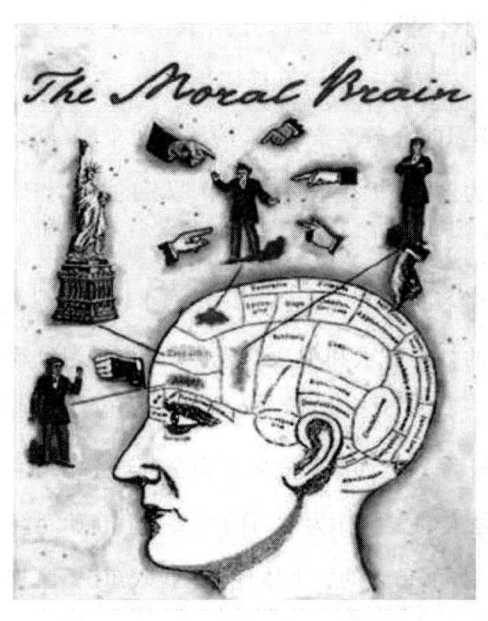

人的身体和智力投入到学习过程中是我们容易理解的，因为学习离不开动手、用眼、用耳，离不开动嘴、用脑、用身体。身体的这些部件的活动自然会引起大脑的生理反应。但是学习离不开人的情感。情感活动对人的大脑究竟会产生什么样的影响？心理学家、生理学家做过很多研究。学习离不开思维，或者说学习的工作形式更多地表现为大脑的思维活动。在人的思维活动中情感到底发挥什么作用呢？心理学家、生理学家经过反复实验得出如下结论："虽然信息资源在任何学习生态中都很重要，但是情感和动机资源同样不可或缺，因为它们能将努力、注意和欲望投入到学习中。我们需要更多关注学习交互中情感、归属和交流方面的融合。""众所周知，思维过程并不仅仅包含认知成分,而且也包含复杂情感情绪成分","情绪因素参与思维过程的最典型的例子是道德判断。""2001年,Greene等人首次使用功能磁共振成像(fMRI)技术,得到了被试完成经典道德两难问题时的脑功能图像。分析发现,情绪对道德判断有重大影响,相对于不涉及个人的道德场景,被试在面对涉及个人的道德场景时,与情绪相关的脑区会有更大的激活,这些区域包括脑内侧前额叶、后部扣带回以及角回。"心理学家、生理学家做的实验是:通过对两个场景的比较,观测人大脑区域的活动。第一个场景是机车失控,如果沿着轨道继续滑向前方,可能会是前面的5个人被撞死,如果把机车推向岔道,可能会轧死在岔道上的一个人。第二个场景是机车失控,如果继续向前滑动会轧死前面的5个人,如果把站在机车前面天桥上的大胖子推下轨道,用他的身体挡住滑行的机车可以使5人获救。很多被试在做第二个场景的测试时,脑成像显示被试的内侧前额叶、扣带后回以及双侧的角回明显地被激活,以往的脑成像研究显示这些区域的功能与情绪活动有关。可见人的情绪能够引起大脑的生理反应,从而对人的思维产生一定的影响。情绪是人情感的组成部分,在思维过程中情绪的变化影响思维的质量,那么当我们研究学习的时候,就不能不考虑人的情感作用。学习的主要器官是大脑,大脑既管思维也管情感,研究人的学习不能不研究思维,也不能不研究情感。情绪的变化影响大脑的判断和抉择。因此,学习也离不开感情的参与。在学习过程中人的情感是我们必须考虑的一个重要方面。

学习是由学习者和学习环境共同构筑的一个共同体，在学习过程中学习的主体要全部投入其中，而学习环境中的各个因素也对学习产生着影响。比如学习过程中教师的作用、教室的环境、教学辅助设备的使用、教学场景的创设，等等，都会影响学习者的学习效果。学习科学区别于认知科学和心理学的一个重要方面，就是学习科学把学习看作是一个整体，在"学习"这个整体中，不仅要研究学习者的身体、智力和情感因素，还要考虑学习者在学习环境中与其他因素的依存状况，正是这些内部与外部的交互影响、互相作用，才使学习者在认识事物、把握事物规律的过程中，呈现最佳的学习效果。因此，我们说学习是学习的主体与学习环境相互依存，诸多因素互相影响，最终由学习主体表现出学习效果的互动过程。

第二节 学习科学

一、什么是学习科学?

学习科学(Learning Sciences)是以神经生物学(脑科学)、心理学的研究成果为基础,融合了教育学、信息学、人类学、社会学、设计学、计算机学等多门学科,形成的以研究"学"和"教"为重点的新型的、跨学科的交叉领域。学习科学研究在各种情境下的学习,包括学校课堂里的正式学习和发生在家庭、工作岗位、生活情境之中的非正式学习。

1991年第一届世界学习科学大会在美国召开,并创刊《学习科学杂志》(*Journal of the Learning Sciences*),以此为标志,学习科学正式诞生。《剑桥学习科学手册》主编R.基思·索耶说:"学习科学是一个研究教与学的跨学科领域。它研究各种情境下的学习——不仅包括学校课堂里的正式学习,也包括发生在家里、工作期间以及同事之间的非正式学习。学习科学研究的目标,首先是为了更好地理解认知过程和社会化过程以产生最有效的学习,其次便是为了用学习科学的知识来重新设计我们的课堂和其他学习环境,从而使学习者更有效和深入地学习。"在谈到学习科学的产生以及学习科学与其他学科的关系时,索耶强调:"关于学习的科学(The sciences of learning)

包括：认知科学、教育心理学、计算机科学、人类学、社会学、信息科学、神经科学、教育学、设计研究、教学设计以及其他领域。20世纪80年代末，在这些领域中研究学习的研究者意识到，他们需要发展新的科学方式来超越自己的学科所能从事的研究，因此他们开始跟其他学科的研究者进行合作。"由此可见，学习科学是以神经生物学（脑科学）、心理学的研究成果为基础，融合了教育学、信息学、人类学、社会学、设计学、计算机学等多种学科，形成的以研究"学"和"教"为重点的新型的、跨学科的交叉领域。学习科学研究在各种情境下的学习，包括学校课堂里的正式学习和发生在家庭、工作岗位、生活情境之中的非正式学习。学习科学研究的目的是更好地理解和掌握人类在认知过程和社会化过程中学习的规律和技巧，以达到最有效学习的目的，同时用学习科学的方法重新设计课堂和其他学习环境。

1991年以后学习科学的研究者形成了众多的研究群体，美国杰出的心理学家、范德比尔特大学乔治·皮博迪学院学习技术中心联合主任、心理学终身教授约翰·D.布兰斯福特（John D. Bransford），应用心理学家，曾担任加利福尼亚大学伯克利分校的伊夫琳·洛伊斯·科里教授职位，荣获美国教育研究学会颁发的终生成就奖、美国心理学学会应用心理学杰出科学奖等多个其他奖项的安·L.布朗（Ann L. Brown），发展与认知心理学家，美国国家研究院的高级项目官员，行为、认知和知觉科学理事会主席罗德尼·R.科金（Rodney R.Cocking）

会同卡内基梅隆大学心理学和计算机学教授约翰·R.安德森（John R.Anderson），加利福尼亚大学洛杉矶分校心理学教授、行为科学高级研究中心成员、宾夕法尼亚大学艺术和科学研究生办公室副主任罗切尔·盖尔曼（Rochel Gelman），哥伦比亚大学教师学院雅各布·H.席弗基金会心理学和教育学教授赫伯特·P.金斯伯格（Herbert P.Ginsburg），美国国家研究院评价基金会委员会联合主席、匹兹堡大学学习研究与发展中心创始人罗伯特·格拉泽（Robert Glaser），伊利诺伊大学乌尔班纳分校贝克曼学院斯旺鲁德中心心理学、精神病学和细胞与结构生物学高级研究教授威廉·T.格里诺（William T.Greenough），威斯康星大学麦迪逊分校课程与教学系教授、布朗大学安嫩伯格学校改革研究所城市教育高级成员格洛丽亚·拉德森−比林斯（Gloria Ladson-Billings），创新学习技术国家科学基金立项中心联合首席研究员、国际SRI政策部副主任巴巴拉·M.米恩斯（Babara M.Means），马萨诸塞大学阿姆赫斯特分校物理学、天文学教授乔斯·P.梅斯特（Jose P.Mestre），波士顿视觉与表演艺术学院波士顿公立学校校长琳达·内森（Linda Nathan），加利福尼亚门洛帕克国际SRI学习技术中心主任、斯坦福大学教育学院顾问教授罗伊·D.皮（Roy D.Pea），西北大学教育与社会政策学院院长约翰·埃文斯（John Evans），教育学教授佩内罗珀·L.彼得森（Penelopel L.Peterson），加利福尼亚大学圣克鲁兹分校心理学基金教授、教育学教授巴巴拉·罗格弗（Babara Rogoff），威斯康星大学麦迪逊分校西尔斯·鲁伯克-巴斯科姆基金教育学教授托马斯·A.尤伯格（Thomas A.Romberg），华盛顿大学教育心理学副教授、历史学副教授塞缪尔·S.瓦尼博格（Samuel S.Wineburg），18位来自人类学、教育学、计算机学、文化与学校教育、数学、科学、历史、视觉与表演艺术等研究领域的顶尖研究人员组成了学习科学发展委员会。他们受美国教育部教育研究与改进办公室的委托，对人类学习的科学知识基础及其在教育中的应用进行研究。1996年他们举行了第一次研讨会"科学学习的科学"，探讨认知科学对科学和数学教与学的影响。以后他们以个体或集体的形式，与很多领域的专家就很多问题与主题展开了广泛的讨论。1998年12月他们举行了一次研讨会，将他们的前期研究成果《人是如何学习的》呈现给了与会的教育工作者、政策制定者、研究者们，征求大家的意见。美国国家研究院（NRC）和美国教育部教育研究与提高办公室（OERI）资助了这次研讨会。美国国家研究院主席布鲁斯·阿尔伯茨还亲自出席了这个研讨会。1999年《人是如何学习的：大脑、心理、经验及学校》作为委托项目的总结报告正式出版了。这份报告汇集了学习科学出现以来最重要的思想和理论，是学习科学这一跨学科研究领域第一本集大成的论著。这本书把很多人带入了学习科学这一新的研究领域。

《人是如何学习的：大脑、心理、经验及学校》（第一版）"讨论了与深入理解学生学习过程有关的六个领域的研究：在学习中先前知识的作用；基于大脑发展的早期经验的可塑性和相关问题；学习是一个主动过程；理解性学习；适应性专业知识；学习需要付出时间和精力。本书考察了另外五个与支持有效学习的教学和环境有关的研究：社会文化环境的重要性；迁移和广泛应用所学知识的条件；学科内容独特性；支持学习的评价；新型教育技术。"《人是如何学习的：大脑、心理、经验及学校》（第一版）出版后，美国国家研究院又成立了学习研究与教育实践委员会，目的在于继续前一研究项目，探索更好地将学习科学方面的研究发现与实际的课堂教学连接起来的关键问题，进一步深入探讨将学习科学应用于课堂教学实践的有效途径和未来研究方向。

2003年至2006年，美国国家科学基金会（NSF, National Science Foundation）资助了将近100万美元促进学习科学的发展。越来越多的人认识到学习科学对于改进教育拥有巨大潜力。据美国教育研究协会（American Education Research Association）统计，在美国学习科学的研究者已经超过了一万人。目前世界各国对学习科学进行了广泛的研究，英国、加拿大、澳大利亚、新西兰、中国、日本等的学者都在深入研究，不断推广学习科学在人类学习特别是课堂教学中的普遍应用。2014年3月1日至6日，联合国教科文组织（UNESCO）、经济合作与发展组织（OECD）、美国国家科学基金会、香港大学、上海师范大学、华东师范大学在上海联合举办学习科学国际大会。来自世界各国和地区的教育研究专家在对话中认为，人类对于学习的理解日益深化，但教育系统的变革依旧非常缓慢，无论是在发展中国家还是发达国家都是如此。有参会者甚至提出，目前仍然面临着"学习危机"，很多国家和地区仍未能建立有效的支持学习的教育系统。学习科学研究如何能够在教育改革中做出自己的贡献值得深思。

总之，学习科学正在世界范围内蓬勃发展，学习科学研究也方兴正艾，学习科学正在为改变课堂教学、促进教育改革发挥积极作用。

二、以人为本的学习科学

认知科学是研究人的智能、其他动物的智能及人造系统的智能的科学。学习科学研究的是人是如何学习的，它所关注的焦点是：学习环境是如何提高学生的学习绩效的。人（教师、学习者和他人）、计算机（以及扮演的角色），建筑、教室的布局和环境中的自然物体，以及社会和文化环境都是人的学习环境。

学习科学是一门古老而年轻的学科。说他古老是因为学习从人类一诞生，甚至人类还处于猿类的时期，就在动物身上发生了，学习是人和动物共有的本能。对学习的研究应该早在几千年前就开始了。中国的战国后期，我们的先人已经写出了《学记》。《学记》首先从化民成俗的高度谈到了学习的作用和价值，接着又从琢玉成器、人学知"道"的角度谈到了

"教"、"学"为先的重要，《学记》研究了学的规律和教的方法，明确了在"学"和"教"的互动过程中"学"的主体地位。如果从那时算起，学习科学是一个古老的学科。但是把学习作为一个独立的学科进行研究，而且聚焦在人的学习活动中，是从1991年第一届世界学习科学大会开始的。从那时算起才20多年，所以说起来它也确实年轻。今天我们所说的以人的学习活动为研究重点的学习科学是在神经生物学（脑科学）、心理学飞速发展的背景下，融合了教育学、社会学、人类学、设计学、计算机学等学科的研究成果形成的以研究人的学习活动为中心的新型的、跨学科的交叉领域，它重点研究的是"人的学习的机能"。所谓"机能"就是机制和能力，"机制"是"机体的构造、功能和相互关系"，"也泛指一个工作系统的组织或部分之间作用的过程和方式"。人作为一个有机体有其自身的构造，每一个器官有其自己的作用，同时又与其他器官相互合作，这就形成了一个有机的工作系统。人在学习过程中，人的大脑、躯体和神经系统究竟是如何工作的？这些工作又造就了人的什么样的学习能力？或者反过来说，人的一定的学习能力在人的生理器官作用下产生出的结果是什么？"能力"是人能胜任某项工作的主观条件和个人所具备的素质。人在学习过程中能胜任学习任务的主观条件和要求个人具备的素质包括哪些？这些条件和素质又是如何产生和培养出来的？这些问题都是学习科学所要关注的。因此学习科学不仅研究课堂中的"正式学习"，而且研究在各种情境下的学习，包括发生在家庭、工作岗位、生活情境之中的"非正式学习"。因为不论是"正式学习"还是"非正式学习",这些都是学习的形式,不管学习的形式如何,学习的实质是增长人的学习能力,涵育人的基本素养,使人的心智和行为产生持久的变化。这一过程正像庄子所说的"得鱼忘筌",钓鱼的目的是"得鱼",而钓鱼的工具并不重要。"得鱼忘筌"是人类从事学习活动应该尊奉的原则和恪守的信条。学习科学从更大的范围界定了学习的定义,也更加聚焦学习主体——"人"在学习过程中的活动状况,它要探究的也是在各种情况下人从事学习活动的本质规律,进而用这些规律创设学习环境,改造课堂,提高学习效率。

把研究认知和学习聚焦到以学生为代表的——"人"这个主体上,是学习科学的最大特点。谈到"学习"离不开"认知",在学习科学诞生以前,人们对"学习"的研究往往是从"认知"开始的,因此研究"学习科学"必须了解"认知科学"。认知科学仅仅研究"认知"过程本身,而对认知的主体、认知的环境、认知的社会文化背景毫不在意。1993年美国国家科学基金会在华盛顿组织召开的一次认知科学会议上,与会的一百多位认知专家对认知科学达成了一致的看法:"认知科学是研究人的智能、其他动物的智能及人造系统的智能的科学。"认知科学研究的对象不是人,不是动物,也不是人造智能机器,而是人、动物、人造智能机器的"认知"。它忽略认知的主体,忽略主体所处的环境,以及环境所具有的文化社会背景。学习科学研究的则是"人的学习",它关注学习的主体、关注主体所处的环境,以及环境所具有的社会文化背景。R.基思·索耶在《剑桥学习科学手册》导言——"学习的新科学"中说:"学习科学所关注的焦点是:在一个学习环境中正发生什么,以及学习环境是如何提高学生的学习绩效的。学习环境包括人(教师、学习者和他人),计算机及其扮演的角色,建筑、教室的布局和环境中的自然物体,以及社会和文化环境。"学习科学把学习看作是一个整体,而处于这个整体的中心位置的是学生——"人",因此,学习科学是以人为中心的学科。人是有感情的动物,学习科学在研究学习的时候也研究学生的情感;人是生活在一定环境中的,学习科学就研究环境对人学习的影响;人是在一定情境中学习的,学习科学就研究情景的创设和知识的迁移等等。在"学习与学习的主体"中我们通过实验讨论了情感对人思维的影响,虽然心理学注意到了伦理、道德、情感对人思维的影响,但是在心理学字典或心理学专著中对"认知"的理解却是"和情感、动机、意志等相对应的理智活动或认知过程"。可见认知科学更加关注认知本身,而缺乏对认知活动、认知环境特别是认知主体的整体研究,它只研究认知活动本身的特点。而学习科学则不然,学习科学强调"学习环境是如何提高学生的学习绩效的",这就明确地把学生置于了环境的主体地位,同时这个环境中的人、物,甚至社会和文化都对学习的主体产生影响。由关注学习主体的人,到关注人所处的环境、事物、文化,等等,讨论学习不仅仅关注智力,关注智力认知的过程,人的情感、身体、环境也是研究学习、探讨认知不可缺少的方面。学习科学理解的学习是人的身体（手）、智力（脑）、情感（心）和环境、文化等交互作用，提高学习绩效的过程；学习科学关注的是在这种交互学习中提高学习绩效的规律。这种分析问题、看待问题的角度本身就是把人置于学习的中心点的，是以人为本的，也是根据人的基本特征开展学习科学研究的。所以学习科学是以人为中心的、把人置身于广阔的社会人文背景下开展的对"学习"的科学研究。学习科学的研究成果反映了人类社会的发展，也必将对人类的发展产生积极的推动作用。

学习科学研究的目的是更好地理解和掌握人类在认知过程和社会化过程中学习的规律和技巧，以达到最有效学习的目的，同时用学习科学的方法重新设计课堂和其他学习环境。由此我们可以看出，很多从不同角度研究学习的学者，希望超越自己以往的研究，而形成了一个全面而综合的研究团队。这个团队把学习科学聚焦于提高人的学习效率，探究在各种情境下人们高效学习的规律。凝聚这个团队的关键点是对人的理解和关注，与认知科学相比，学习科学以研究人的学习实践为出发点和立脚点，人的社会属性决定了人的学习活动是在社会化过程中逐渐完成的，换句话说在人的学习过程中，人的认知活动是在社会背景下实现的，因此研究人的学习，不能像认知科学那样仅仅考虑学科实验室效果而忽略人的社会活动，相反，恰恰是在人的社会活动中学习的效率才会大幅提升。

学习科学的产生为教育的发展带来了新的活力。学习科学理论是对学习主体所从事的学习活动进行全面、系统、深入、实质的研究,它对学习本质、学习过程、学习规律、学习方法、学习环境以及环境对学习主体所产生的影响等问题进行了综合概括的表述。科学的学习理论反映了学习的本质规律,能够指导或促进学习活动;不正确的学习理论不但影响和阻碍学习活动,而且能够降低学习效率。因此,研究学习科学,掌握正确的学习理论,对于改造课堂、提高效率,具有积极的促进作用。

第三节　学习科学与教育学

一、以教师和学科知识为中心的教育学

教育学以教师和学科知识为中心，研究教师"教"的方法，它从学生被动接受的角度研究教师传递知识的技巧。因此，教育学在课堂上以教师为基点，教师和学科知识的中心地位牢不可破。

1806年，德国人约翰·菲力德利赫·赫尔巴特（1776—1841）出版了《普通教育学》，从此，一个新的学科——教育学诞生了。在西方教育史上，赫尔巴特被誉为"科学教育学的奠基人"，而反映他教育思想的代表作《普通教育学》则被公认为第一部具有科学体系的教育学著作。赫尔巴特是近代德

国著名的哲学家、心理学家和教育家。他出生在一个律师家庭，从小受到了严格的家庭教育，同时也广泛接受了各种新的思想。

赫尔巴特把自由、完善、仁慈、正义和公平五种道德观念作为教育的目标。他认为教育的本质就是以各种观念来丰富儿童的心灵，把他们培养成具有完美的道德品格的人。在赫尔巴特看来，教育过程可分为三大部分：管理、教学、训育。没有教学就没有教育，不进行文化知识的教学，实施道德品格的教育就无从谈起。在进行教学之前，必须首先对儿童进行管理，如果不首先通过管理将儿童天生的粗野倔强的性格压下去，无论是教学还是教育都无法进行。赫尔巴特把教学过程分成四个连续的阶段，他认为教师应采取符合学生心理活动规律的教学程序，有计划、有步骤地进行教学。四个阶段分别是：一是"明了"，指教师讲解新教材，把教材分解为许多部分，提示给学生，便于学生领悟和掌握。二是"联想"，指通过师生谈话把新旧观念结合起来。教学的任务是把前一阶段教师所提示的新观念和学生意识中原有的旧观念结合起来。三是"系统"，指在教师指导下寻找结论和规则，使观念系统化，形成概念。四是"方法"，通过练习把所学知识应用于实际，以检查学生对新知识的理解是否正确。以后他的学生将四阶段教学法发展为五阶段教学法，即：预备——唤起学生原有的有关观念和吸引学生的注意；呈现——教师清晰地讲授新教材；联系——使新旧知识形成联系；统合——帮助学生进行抽象和概括，形成新的统觉团；应用——以适当方法应用新知识。五段教学法在19世纪末、20世纪初流行于欧美，20世纪初传入中国，对全世界的中小学教学都产生了重要影响。赫尔巴特还提出了教学中的四方法，即：叙述、分析、综合、应用，构建了"由教育目的引出的普通教育学"的学科体系。"赫尔巴特强调，在教学中，教师必须尽力'在学生身上培养一种有利于教学的心理状态'，并且'学生对教师需保持一种被动状态'。因此，虽然赫尔巴特也重视教学中儿童的兴趣及心理特点，他的教育思想也以此为基础，但这种重视是服从于以教师为中心的系统知识的传授这一前提的。赫尔巴特教育学研究的重点是如何让教师更有成效地教，而不是让学生更主动地从经验中学。"

赫尔巴特认为，心理学就是研究观念的科学，主要研究观念的出现、结合和消失。他把教学中向学生提供的一切知识都称为观念。"人的意识中积聚着无数的观念，而观念又是能动的，其活动范围从完全受抑制的状态到完全自由的状态，这两种状态之间存在着一道界限，称作'意识阈'"，"意识阈"和"统觉"是赫尔巴特在阐述有关"观念"的观点时发明的两个重要概念，"意识阈"以下的观念称为"下意识"或"无意识"，"意识阈"之上的观念称为"意识"。由于力量和强度的不同，"意识"和"下意识"之间是可以互相转化的，人的记忆和遗忘就是这样产生的。"统觉"虽然最早被莱布尼茨和康德使用，但赫尔巴特却赋予了"统觉"特定的含义，并成为他阐明教学过程所依据的一个最基本的心理学概念。"统觉"是"在新观念进入人的意识之前,必须首先在意识的观念的统一整体内占有位置,这一过程是通过旧观念同化、吸收新观念完成的。"而经过"统觉"所形成的观念体系被称作"统觉团"。赫尔巴特认为,教师应该善于利用可以激发学生观念融合的知识,使新知识与学生头脑中原有的知识结合起来,教师在教学中要为旧观念的再现创造更多的机会,促使新观念能够更好地被统觉团所同化。

理解赫尔巴特的教学阶段论,必须了解他的"专心"和"审思"这两个概念。所谓"专心",是指在某一时间内只专心研究某一个问题而不考虑其他问题。没有专心,就不能正确和透彻地把握、领会"一切值得注意、值得思考、值得感受的事物"。所谓"审思",是指把一个又一个"专心活动"统一起来。赫尔巴特说:"我们所要求的专心活动不能同时发生,它们必须逐个产生。首先是一种专心活动,接着再有另一种专心活动,然后它们才在审思中汇合起来!人必须有无数次这种从一种专心活动过渡到另一种专心活动去的变迁,然后才会有丰富的审思活动,才能随心所欲地返回到每一种专心活动中去。""专心"和"审思"是赫尔巴特开展教学活动的两个必要环节,无论他的"专心"还是"审思",都是在教师的指导下开展的,教师是教学活动的中心。作为近代教育科学的创始人,赫尔巴特把心理学、伦理学融入教学过程,为教育学的科学化做出了重要贡献。

赫尔巴特是"教师中心说的代表人",他的理论对后世影响极大,他十分强调教师及书本的作用,教学方法也必然产生了形式化倾向。事实上,"(英)培根在1623年最先提出'教育学'这个概念,并把教育学作为一门独立学科,认为它是关于'指导阅读'的学问;1632年,(捷克)教育家夸美纽斯出版了《大教学论》,被认为是近代最早的教育学著作,书中提出了普及初等教育、建立适应学生年龄特征的学校教育制度,论证了班级授课制,规定了广泛的教学内容,提出了教学的便利性、彻底性、简明性与迅捷性原则,十分重视教师的作用;(英)洛克的《教育漫话》(1693)提出了绅士教育,(法)卢梭的《爱弥儿》(1762)阐明了自然主义教育思想,(德)康德1776年在德国哥尼斯堡大学开始讲授教育学,而(德)赫尔巴特《普通教育学》(1806)则标志着普通教育学的诞生"。纵观"教育学"从提出到建立的发展历程,先辈哲人一直在追寻教育的真谛,探讨科学教育理论体系。但是当教育学具备了其科学体系、形成独立学科之后,教育学的一个基本基点也就彻底地、不可动摇地确立下来,这就是教师的中心地位。教育学在确立了追寻教育目标的前提下,以教师为基点,二百多年来一直在重点研究"教"的方法。它更多地从被动接受的角度研究传递知识的技巧,这必然导致课堂教学中的教师主体地位,从而形成课堂教学以教师和知识为中心的教学理念。在教育学理论的指导下,课堂教学一直被教师所统治,持续发展了几百年。1861年英国的斯宾塞出版了《教育论》,他以实证主义思想为基础，系统论述了德育、智育、体育等问题，提出了"科学是最有价值的知识"，建构了为未来做准备的、比较完善的课程体系，教师的主体地位进一步加强。虽然1916年（美）杜威的《民主主义与教育》对赫尔巴特的"重教"传统提出了批评，主张让学生在实际生活中学习，提出"教育即生活"、"教育即生长"、"学校即社会"等主张，但是教师为中心的课堂教学在许多国家依然占据主导地位，直到今天中国的绝大部分课堂仍然被教师主宰着。我们不得不惊诧于理论的巨大作用，而要改变中国的课堂教学，我们也不得不首先从理论上正本清源，转变观念！

二、以学生为中心促进学生知识迁移的学习科学

学习科学以学生为中心探讨人的学习机能，它以主动探究的模式提高学生掌握知识的能力。学习科学改变了课堂教学中的教师中心地位，把学科知识作为学生增长学习能力的工具和手段。学习科学提倡团队学习，转变了传统的终结式教学评价模式。

学习科学的诞生为课堂教学改革带来了转机。学习科学认为："所有的学生都是天生的学习者"，"孩子出生时就有了某种学习本能"，因此课堂教学不能把学生的大脑当成空着的篮子，以教师为中心满堂灌，而要了解学生的前拥概念；知道

学生主动了解世界的"特惠领域",把握他们在学习中的无论是方法还是内容上的偏爱;相信学生是问题的解决者,同时又是不断寻求挑战、产生疑惑的探究者;发展学生的元认知,让学生在学习过程中不断加强他们的计划、监控和调整的能力,保证他们获得成功的学习;同时教师也应该清楚地认识到,学生天生的学习能力是需要加以引导的,教师既要激发学生的好奇心,又要锻炼他们的专注力,要根据他们的需要为他们搭建向上攀爬的脚手架!

学习科学改变了课堂教学的基点。它把教师中心变成了学生中心,因为学习科学在神经生物学(脑科学)、心理学,特别是认知科学研究的基础上,对学生学习的生理机能有了深刻的认识和清晰的把握,在实验基础上"普遍认为,在大脑发展和学习机制的理解方面的突破对教育和学习科学具有重要的意义","可以肯定地说大脑和心理的功能性组织取决于并得益于经验","发展不仅仅是生理驱动的拓展过程,也是从经验中获得基本信息的主动过程"。"学生带着有关世界如何运作的前概念来到课堂,如果他们的初期理解没被卷入其中,那么他们也许不能掌握所教的新概念和信息,否则他们会为了考试的目的而学习它们,但仍会回到课堂之外的前概念。"这就告诉我们,老师在走入课堂的时候,不能仅仅根据自己的理解抱着传授的思想"教"给学生知识,而要深入了解学生,掌握他们已经具有的"前概念",把他们的初期理解带入课堂,让他们主动获得新的概念,生成新的知识,学生在完成这些新知识的生成过程中，他们已有的知识也得到了迁移和升华。因此哪怕是一年级的小学生，当他们走进课堂时，老师所教的任何新知，对孩子来说也许未必是新知，他们的大脑不是一张白纸，他们是天生的学习者，他们大脑中已经积累了很多学习的经验。把孩子的大脑当作空篮子倾倒知识的做法，必然会受到孩子的反感和抵制，以教师为中心的课堂教学也必然会受到学生的唾弃！因此，学习科学主张以学生为中心，学生是学习的主人，在课堂上要发展学生所有制。所有制是经济学名词，任何财富归谁所有谁就具有处置权。课堂既然是学生所有，就应该根据学生的需求制定教学方案，用学生喜欢的方式开展教学。老师要以学生的前拥概念为基础，搭建学生学习新知的阶梯，设计诱发学生思考的学习场景，让学生真正成为课堂学习的主人。

在学科教学上，教师要清晰地知道："学校教育的主要目标是让学生为灵活地适应新问题和新情境做好准备"，因此"学生们将所学的知识迁移到新情境的能力是判断学习的适应性和灵活性的重要指标"，"迁移被定义为，把在一个情景中学到的东西迁移到新情景的能力"。由此，学科教学中学生所学的知识是适应新情境、解决新问题的工具和手段，而不是学生学习的最终目标。教育学强调知识是课堂教学的重点，赫尔巴特认为没有教学就没有教育。学习科学则认为知识是学生掌握学习能力的工具，"为了发展在探究领域的能力，学生必须(a)具有事实性知识的深入基础，(b)在概念框架的情景中理解事实和观念，和（c）用促进提取和应用的方式组织知识"。显然在学习科学的认识中，知识是发展探究能力的基础，知识和观念不是死的，而是在概念的框架下被理解和活化的，同时能够被提取、应用和重组的。因为"对于孤立部分的强调，能够系统地训练学生的常规知识，但并没有教育学生理解知识的全貌，而掌握知识的全貌才能保证整合知识结构和了解知识应用的情境。"所以在友善用脑的课堂上，知识从来不是"授人以鱼"的"鱼"，而是帮助学生掌握捕鱼技巧的"渔"。

与教育学相比，学习科学的另一个特点是学习科学强调学习的整体环境。"学习科学最新发展表明环境以共同体为中心的程度对学习也很重要。尤其重要的是人们相互间学习的标准以及持续不断地试图改进提高。我们用共同体中心这个词语表示共同体的几个方面，包括把班级作为一个共同体，学校作为共同体，学生、教师、管理人员认为与之联系的更大的共同体还包括家庭、行业、州、国家甚至整个世界。"共同体是学习科学在学生学习中强调的一个概念，这个概念导致了学习过程中的一个巨大变革。它把教育学中的"各自为战"变成了友善用脑课堂上的"团队学习"。这一变革造成了"在班级和学校的层面上，学习似乎由于社会规范而得到强化，这种社会规范重视对理解的探求，给学生（还有教师）为了学会而犯错误的自由"。学习本身就是思维的发展和探究，是个体思维对事物本质的把握。人是社会动物，在团队探究中人们的思维得到碰撞，互相受到启发，这对于理解和把握事物的本质、掌握事物的规律有着积极的促进作用。而人们在探究和讨论中难免对所研究的内容产生各种歧义和错误，正是在对这些歧义和错误的辨识中，人们才掌握了理解的钥匙，增长了学习的能力；也正是在人们不断切磋讨论、辩论提高的过程中，学习的标准在不断攀升，学习的绩效在不断提高。学习方式的转变，促进了学生学习能力的提升，也使学生的学习成绩由个体的优秀变成群体的优秀，从而大幅度提高了学习效率。

由于学习科学的基点发生了变化，学习科学对学科知识的态度发生了转变，学习的方式也自然产生了变革，随之而来的评价也就自然而然地出现了根本的变更。与教育学的终极性评价不同，学习科学更加强调"评价的关键原理是必须提供反馈和回溯的机会，而被评价的内容必须和学生的学习目标相一致"。这就是说评价的目的不是比出高低，评出优劣，排出一二，而是作为学习的一个过程，给被评价者更多的提高和进步的机会。过去的评价往往在学期中或者学期末，是一个学习阶段的终结评价，而学习科学认为"作为教学的一部分，反馈应持续地做出而不是突然地进行"，评价是伴随学习始终的，是学习过程中不可或缺的手段。要想改变过去"终结式"的评价，"学习科学面临的一个挑战就是应提供一个理论框架和评价实践连接起来"，学习科学提供的这个理论框架是"以能力的组成部分和要求为特征的评价使一般目标具体化"，这就要求课堂教学中的评价要具体细致，不仅与学科教学内容紧密衔接，而且要与学生的能力发展、思维探究密切相融。评价是教师课堂上熔炼团队的重要手段，教师的评价**要规则明确清晰，评判严肃公正，导向切实突出，分类清楚确切**，这样才能达到促进教学、帮助学生提高的目的。在评价中还应注意，"以认知活动为特征的学生行为表现强调在学习和评价情境中观察到的学科成绩与能力间的区别"。这就是说在评价学生过程中不能把学生的学科成绩与学生的探究能力混为一谈，更不能用学科成绩代替对学生学习和探究能力的评价。在我国很多人热衷于推举"状元"，而"状元"更多的是以高考（即学科）成绩认定的，所以几十年我们宣传了成百上千的状元，却很难听到这些状元在以后的学习工作中为国家做出突出贡献的报道。我们反而在探讨"十几名"现象，即在学校学习成绩平平的学生，走上社会之后反而对社会的贡献超过了学习好的尖子，这再一次从反面告诉我们终结性评价的缺憾，告诉我们以学科成绩代替能力评价的悲哀！转变"终极"评价的观念，让评价回归学习过程是学习科学与教育学的又一个根本不同。

总之，学习科学研究学生"学"的机能，教育学探讨教师"教"的技巧；学习科学与教育学基点不同，自然产生了课堂上的中心不同。学习科学以学生为中心，教育学以教师为中心；学习科学重视知识的迁移，教育学关注知识的把握；学习科学重视学习过程中的团队作用，强调形成学习共同体的学习环境对学习的影响和促进，教育学则注重个人的思维发展和学业提升；学习科学把评价当作学习的过程，而教育学更加注重评价的结果。学习科学与教育学在课堂教学中的几点不同，是人类对"学习"深入研究的结果，也是人类对教育产生深刻反思的结果。

教育是永恒的，当人类文明发展到一定阶段，作为人类文明传承的方式和手段，教育就自然出现了。公元前5000年至公元前4000年古代巴比伦就创造了苏美尔文明。"20世纪30年代，法国考古学家在幼发拉底河畔南部一个叫马里城的宫殿中，挖掘出一所约公元前2100年的学校遗址。"公元前3500年左右，古代埃及尼罗河流域形成了早期的国家，"建于公元前2500年的埃及宫廷学校是人类有史可稽的最古老的学校"。在我国，早在夏朝（公元前2070年至公元前1600年）就有了学校，《汉书·儒林传》记载："乡里有教，夏曰校，殷曰庠，周曰序。"但是，教育学却是历史的。一方面绝不是有了教育必然就产生教育学，教育学只能在一定的历史阶段出现；另一方面，教育是行动、是实践，教育学只是在教育发展到一定阶段对某一教育时期的教育行为的一种反思，并在这种反思的基础上构建的一种关于理想教育的理论。教育实践产生了教育学，教育学指导教育实践，而教育实践不可能完全依附于教育学。教育完全可能脱离教育学的影响而存在，教育学同样可能会远离当时的教育实践而存在和发展。

谈到教育离不开学科教学，学科与教育是什么关系呢？美国学者霍斯金认为："所有学科都是以教育为缘起"，在所有学科中"教育远非从属者，反而是统领者"，霍斯金所说的"教育"正是强调的"教育实践"，而这一"永恒的教育"，是人类传承文明的必需，是社会历史发展的必然，它所关注的是社会的进步，注重的是"人"的全面发展！因此它是鲜活的，具有长青的生命力。而作为一定历史阶段的教育学，可能代表了一个时期、一个方面的先进与辉煌，却很难永远独领风骚。教育实践产生了教育学，教育实践同样可以孕育学习科学。学习科学正是在这样的背景下，以人的生理、心理发展为基础，提出了符合人的学习实际、从根本上促进人的发展的新的学习范式。这种范式不仅转变了教育的基点，改变了课堂中心，变更了教学方式，也根本改造了教学评价。因此，建立以学习科学为基础的友善用脑课堂，为学生的学习和发展提供更加优质的课堂环境是每个教师义不容辞的职责。教师履行这一职责的根本目的就是为了学生的全面发展，为了促进社会更快的进步。而履行这一职责的关键，在于转变教师的观念，加强教师对学习科学理论的学习、理解和认识。

第二章 学习的主要器官：大脑

第一节 人类对大脑的认识

一、古人对大脑的逐步认识

人是学习的主体，人脑是人学习的主要器官，但是人类对大脑的认识却经历了漫长的发展过程。人类最早认为学习、思考和情感的主要器官不是大脑而是心脏。希波克拉底、《黄帝内经》、盖伦、华佗等记述和传说中都有对大脑的关注和研究。

中国的文字源于图画，由原始的图画演变而成。中国古人在造字过程中把所有与思维、情感有关的文字都加上了"心"字。思维的"思"，想问题的"想"，忘记的"忘"，考虑的"虑"，感情的"感"都有"心"字。中国人劝导孩子好好学习也说："用心学习"。文字的流传和民间说法的形成，表现了中国古人对学习器官的认识。心是学习的主要器官。不仅中国，西方也是如此。在古代埃及，人死后要"给尸体涂上防腐剂，并保留一些体内的器官为来世做准备。而像心脏、肺这样的器官则在摘除后用坛子等器物保存并置入坟墓中"。"在埃及文化中，心脏被认为是尤其重要的，因为心脏是代表了记忆、思想和智慧的，同时也认为是勇敢和爱等情感的象征。"古希腊哲学家亚里士多德（公元前384—前322年）"像古埃及人一样，他坚信心脏是所有意识过程的基础"。

然而大脑对人的行为的影响还是引起了古人的注意。1862年美国埃及问题研究专家埃德温·史密斯（Edwin Smith）在埃及卢克索发现了一本外科手术记录，这本手术记录被认为是埃及的生理学家伊姆荷太普（Imhotep）所著，手术文本记录了48个公元前约3000年的手术案例，其中包括对在工地中人的头部受伤所做的手术。该记录讨论了大脑的结构，对中枢神经系统也做了较为宽泛的描述，例如描述了用于保护大脑的脑内层结构和脑膜，同时还叙述了脑脊液的流动，当时的医生意识到这一功能可以保护精密的脑组织和脊髓。但是当时的医生是否理解解剖学的特征，我们现在无从判断。

生于公元前460—前377年的古希腊医生、西方医学奠基人希波克拉底（Hippocrates），也在医学实践中对大脑产生了一定的认识。他不但提出了"体液说"，阐明人的生理条件与人的性格有很大的联系，而且他发现了癫痫的病因来自于大脑，把人的行为和大脑密切联系起来。他提出了癫痫病的病名，一直沿用至今，现代医学也认为他对癫痫病的病因判断是正确的。

传说有一天希波克拉底在市场上见到一个人突然神志丧失，全身抽动，面色青紫，嘴里还吐出泡沫。周围的人都惊慌失措地喊道："这人中了邪啦！快去请巫师来！"正好有个僧侣经过这里，有人马上请他来治病。僧侣看了看病人，板起面孔说:"啊!这人得了神病,要请神来宽恕他。快把他抬到神庙里去!""慢着!"希波克拉底抢上一步喊道。"这人患的根本不是什么神病,而是癫痫症!把他抬到神庙去,是治不好病的!"那僧侣向希波克拉底瞪了一眼,高傲地说:"什么癫痫不癫痫的,这人的病是山神引起的,只有祈祷山神才有用。你懂什么?小心别惹怒了山神,让你也患上神病!"希波克拉底毫不示弱地说:"这癫痫症一点也不比其他疾病神秘,而是同其他疾病一样,具有相同的性质和相似的起因。只有魔法、江湖术士和骗子之流,才把它说成是什么神病!""你竟敢当着这么多人的面咒骂山神!好,你说这病不是山神引起的,那是什么引起的?""是脑引起的!"希波克拉底斩钉截铁地回答说。"我相信这是脑子出了问题,才变成这个模样的。"

癫痫其实是一种突然发作的暂时性大脑功能紊乱的病症。希波克拉底指出的病因是正确的,这是他对人的行为和大脑的关系做了长期研究才得出的结果。希波克拉底生活的时代尸体解剖为宗教与习俗所禁止,但是希波克拉底勇敢地冲破禁令,秘密进行了人体解剖,获得了许多关于人体结构的知识,他在医学实践中特别研究了人的大脑,他写了一本著名的外科著作《头颅创伤》,详细描绘了头颅损伤和裂缝等病例,提出了施行手术的方法。其中关于手术的记载非常精细,所用语言也非常确切,希波克拉底的研究,使我们了解了古人对大脑的关注,他们正在逐渐认识到大脑在人生活和学习中的重要作用,这为人类正确认识自己,了解大脑打下了坚实的基础。

希波克拉底之后对大脑和神经给予关注的另一位古代医生是盖伦(Galen)。盖伦是古罗马时期的医生,他生于公元129年,死于公元199年,是古代医学史上仅次于希波克拉底的重要医学家。盖伦先在帕加蒙学习医学,后来又到士麦那、科林斯和亚历山大城等地学哲学。他曾任角斗士的保健医生,这使他有可能观察到活的人体解剖,特别是骨、关节、肌肉,并治疗骨折及胸腹部创伤。由于他曾到许多地方游历和学习,后来回到罗马时已成为最有威望和成就的医师。他受亚里士多德的目的论影响很大。他继承了早期希腊的体液说并加以利用,精心研究过血、黏液、黄疸和黑疸的概念,以及人类的四种体质类型,即黏液型(Phlegmatic)、多血型(Sanguine)、易怒型(Choleric)和忧郁型(Melancholic)。在解剖学方面他大部分是从解剖动物(猴、猪等)推演而来,因此犯了一些错误。但他发现静脉是与心脏连接的，周围神经起自中枢神经系统；他根据实验分辨出感觉和运动神经，说明了横断脊髓的后果，阐明喉返神经的作用，证明失去神经的心脏仍能继续跳动；他肯定动脉里充满血液而不是空气等。这些实验和结论表明他关注到了脑与心脏的不同作用。他被认为是第一位实验医学家。他在治疗方面，许多方法仍沿用希波克拉底的传统，用温和方法，如饮食、休息和运动帮助身体恢复健康。他对通过卫生养生法预防疾病，也特别注意。他喜欢用复方药剂（Polypharmacy），所用的万能解毒剂（Mithridatum）又称"盖伦丸"，就是用近70种药物配成的。他写过500多篇论文，其中有83篇医学论文保存了下来，对后世影响很深，直到16世纪维萨里（Vesalius）才冲击到盖伦解剖学权威的基础。

和盖伦几乎同时的中国医学家华佗也是一个对人的大脑有研究的医生。华佗是我国东汉末年著名医学家,字元化,一名旉,沛国谯(今安徽亳州)人。华佗大约生于145年,卒于208年,他与董奉、张仲景(张机)并称为"建安三神医"。华佗少时曾在外游学,钻研医术而不求仕途。他医术全面,精通内、妇、儿、针灸各科,尤其擅长外科,精于手术,被后人称为"外科圣手""外科鼻祖"。他行医足迹遍及中国的安徽、河南、山东、江苏等地。华佗曾用"麻沸散"麻醉病人后施行剖腹手术,这是世界医学史上最早记载的应用全身麻醉进行的手术治疗。他强调养生健体,模仿虎、鹿、熊、猿、鸟等禽兽的动态创作了名为"五禽之戏"的体操,教导人们强身自健。据说华佗后因不服曹操征召被杀,所著医书《青囊书》也没有流传下来。华佗行医,并无师传,主要是精研前代医学典籍,在实践中不断钻研、进取。当时我国医学已取得了一定成就,《黄帝内经》《黄帝八十一难经》《神农本草经》等医学典籍相继问世,望、闻、问、切四诊原则和导引、针灸、药物等诊治手段已基本确立和广泛运用;而古代医家,如战国时的扁鹊,西汉的仓公,东汉的涪翁、程高等名医不慕虚荣、不图名利、不贪富贵、终生以医济世的精神深深感染着华佗,他精研医道悬壶济世,留下了一个又一个佳话。

华佗对大脑的研究可以从他给曹操诊治头风病的故事中得知。曹操早年得了一种头风病，中年以后，日益严重。每次发病，他都心乱目眩，头痛难忍。很多医生为他施治疗效都不好。华佗应召前来诊视后，在曹操胸椎部的鬲俞穴进针，片刻便脑清目明，疼痛立止，曹操十分高兴。华佗告诉曹操："你的病是脑部痼疾，很难在短时间内根除，要长期治疗，才能逐步缓解，以求延长寿命。"曹操听后，心中不悦，他要把华佗留在府中为他治病。华佗不愿侍奉在曹操身边，甚至认为作侍医是可耻的职业，于是就托辞妻子有病回家为其取药诊治，离开曹营一去不再返回。曹操多次写信催促华佗，又令当地郡县遣还华佗，最后派人偷偷察看，发现华佗不愿为侍医，遂将华佗逮捕入狱。有人向曹操请求宽恕华佗，曹操不听劝说，仍然残酷地杀害了华佗。华佗临刑前将他写的医书《青囊书》交给狱卒，告诉他："这本书可以救人性命。"而狱卒怕牵累自己没敢收下这本书，华佗便将书扔到火中付诸一炬。这个故事记载于陈寿的《三国志·华佗传》中，从文中记载的华佗与曹操的对话和曹操经过华佗诊治后的疗效看，华佗对"脑"是有研究的。遗憾的是华佗的医学著作没有流传于后世，我们无法从他的医书中了解他对脑的认识程度，只能从民间传说和文献记载中推断他对大脑的研究和了解。

事实上中国古人对脑的研究早有记载，成书于战国至秦汉时期的《黄帝内经》，对脑就有多次记述。据山东大学、山东中医药大学和山东省中医药研究院的专家研究，《黄帝内经》正文中共出现"脑"字44次，其中《素问》20次，《灵枢》24次。"'脑'在《内经》时代其一般意义多指脑髓，即颅腔内的中枢神经，有时仅指颅腔本身，意义明确无疑，与现代认识并不存在解剖概念的区别。""有关其功能的认识非常模糊，这有其时代背景，完全可以理解。"战国时代是公元前475年至前221年，时间上与希波克拉底生存的时间基本相同，可见中国古人对脑的研究从那时起就已经开始了。

二、文艺复兴带来的飞跃

思想解放必然带来科技、文化乃至整个社会的进步。文艺复兴是人类历史上伟大的思想解放运动。它不仅带来了文艺的繁荣、科技的进步,也使人们对大脑的认识更加科学准确,形成了人类对大脑认识的一个飞跃。

文艺复兴是14世纪中叶至17世纪初在欧洲发生的思想解放运动。文艺复兴发源于意大利的佛罗伦萨,后扩展至欧洲各国。文艺复兴推崇人文主义精神。人文主义精神的核心是提出以人为中心,肯定人的价值和尊严,否定神的绝对权威。人文主义主张人生的目的是追求现实生活中的幸福,倡导个性解放,摆脱神学枷锁;追求自由平等,反对等级观念;崇尚科学理性，抵制愚昧迷信；认为人是现实生活的创造者和真正主人。

列奥纳多·迪·瑟·皮耶罗·达·芬奇（Leonardo di ser Piero da Vinci, 1452—1519）是意大利文艺复兴时期在多项领域获得成就的博学者。他是建筑师、音乐家、解剖学者、艺术家、工程师、数学家、发明家。由于他的全才，使他成为"文艺复兴时期最完美的代表人物"。达·芬奇生于佛罗伦萨郊区的芬奇镇，卒于法国。壁画《最后的晚餐》、祭坛画《岩间圣母》和肖像画《蒙娜丽莎》是他一生的三大杰作。这三幅作品是达·芬奇为世界艺术宝库留下的珍品中的珍品，是欧洲艺术的拱顶之石。达·芬奇认为自然中最美的是人体，人体是大自然奇妙之作品，画家应以人为绘画的核心。达·芬奇称自己没有受过书本教育，大自然才是他真正的老师。为了认识人类自身，达·芬奇亲自解剖了几十具尸体，对人体骨骼、肌肉、关节以及内脏器官进行了精确了解和绘制。他在生理解剖学上取得了巨大的成就，被认为是近代生理解剖学的始祖。他从解剖学入手，研究了人体各部分的构造。他最先采用蜡来表现人脑的内部结构，制作出大脑中四个脑室的蜡质模型，其中含有脑脊髓流液的静脉，他还监测过人死后大脑的变化。他也是设想用玻璃和陶瓷制作心脏和眼睛的第一人。他发现了血液的功能，认为血液对人体起着新陈代谢的作用，并认为血液是不断循环的。他说血液不断地改造全身，把养料带到身体需要的各个部分，再把体内的废物带走。达·芬奇研究过心脏，他发现心脏有四个腔，并画出了心脏瓣膜。他认为老年人死因之一是动脉硬化，而产生动脉硬化的原因是缺乏运动。后来，英国科学家哈维证实和发展了达·芬奇这些生理解剖学的成果。达·芬奇是文艺复兴的勇士，是捍卫科学的斗士。他赞美"人"，歌颂"人"，也科学理性地研究"人"。他留下了《论解剖学》的手稿，对人的身体，特别是大脑和心脏进行了深入的研究。他用蜡质模型制作的脑室确定了大脑的体积，为人类更加科学理性地了解大脑做出了巨大的贡献。

达·芬奇之后，在文艺复兴时期对人体解剖和大脑研究做出贡献的学者是比利时医生安德烈亚斯·维萨留斯（Andreas Vesalius，1514—1564）。维萨留斯是与哥白尼齐名的近代科学的开创者，他不迷信权威，坚持从实际出发研究人体，以自己的解剖学成就指出了被神学奉为经典的盖仑的学说和《圣经》中的错误，他因此被教会所迫害，成为近代科学革命中为科学献身的第一人。维萨留斯生于布鲁塞尔，在鲁汶、巴黎和帕多瓦等大学求学，曾任帕多瓦大学的解剖教师。维萨留斯打破当时由没有专门技能的理发师做解剖示范的惯例，最早使用人的尸体进行解剖，对解剖学命名加以标准化，是近代解剖学的奠基人。

1543年，也即哥白尼的革命著作问世那年，维萨留斯发表了他的伟大著作《论人体构造》（De humani corporis fabrica）。这本书论述了骨骼、肌肉、血管、神经，腹部、胸部内脏和人的大脑，对近代医学的发展起了很大作用。书中论述了男女肋骨数相同，从而否定了女人是由男人的一根肋骨演变而来的说法；用事实说明了人腿骨是弯的而非直的；否定了亚里士多德心管思维的说法，明确了人的大脑负责思维。维萨留斯是生理学家也是美术大师，所有书中的插图都由他亲自绘制。图中表现出生活中的各种姿势，有的仰首，有的沉思，有的取自绞刑台下，还带着绳索，形象生动，栩栩如生，甚至连最枯燥的骨架，看上去也充满了生机。被称为"活的解剖学"。《论人体构造》奠定了近代解剖学的基础，维萨留斯也被后人称为"解剖学之父"。由于维萨留斯进行了被教会所禁止的人体解剖，触犯了教会的权威，因而遭到了教会的指责和迫害。维萨留斯最终死于被流放的路上。他虽然为科学献出了自己的生命，但他所开创的用观察、解剖研究人体的思想方法对后来生物学的发展起了巨大的作用，特别是他对大脑的研究和提出的脑负责思维思想的观点，对后代科学家产生了积极的影响。

"1573年，意大利医生瓦罗留（1543—1575）成为第一个对大脑进行全面解剖的人。他从脑干开始研究（脑干包括连接大脑的两个半球到脊髓的神经纤维，能够控制诸如呼吸、睡眠与清醒的循环和心率等潜意识的行为）。1583年德国医生菲力克斯·帕拉特（1536—1614）解剖了人的眼部并认识到眼睛只能聚集光线，排除了眼睛还可以解释看到的信息的假设。三年后意大利医生阿卡格罗·皮克罗米尼（1525—1586）区分了大脑中的两类物质——灰质和白质。1857年意大利医生阿隆基（1530—1589）对大脑脑室的性质作了阐释，并确定了大脑侧面脑室壁上的隆起物。"

三、哲学的追问与神经解剖学的诞生和发展

大量的躯体解剖证据，促使人们探究灵魂的奥秘，古老的精灵之说引起了人们的哲学思考，哲学追问又使大脑研究走上了健康科学之路——神经解剖学从此诞生并不断发展。

中国科学院院士、神经生理学家陈宜张先生说过："17世纪科学家是14世纪意大利文艺复兴运动的得益者。"文艺复兴促进了思想解放、科技发展。1590年丹麦眼镜制造师扎卡利斯·杰森发明了复合显微镜，它能把物体放大十倍，为人们研究大脑和神经系统提供了便利。

1623年，意大利科学家伽利略（1564—1642）提出外部世界中可以被测量的物质是科学应该关注的"第一性"的，而情感、意义、价值等"第二性"的东西不应该归属科学范畴之内。法国哲学家笛卡尔（1596—1650）进一步把"第一性"命名为"物质"，把与思维有关的"第二性"命名为"意识"。"笛卡尔试图对脑功能给予新的诠释，他认为脑也是一种机器，可以用机械的方法研究，但人脑与动物脑又有所不同。人的灵魂是非物质的，脑是躯体的，这两者可以互相影响，动物就缺少灵魂的那一部分。灵魂跟躯体相互作用的部位在松果腺。笛卡尔是一位二元论哲学家，他提出脑可以分析是进步的，但今天看来，他提出松果腺是灵魂与躯体相互作用的部位，显得有点可笑了。笛卡尔认为脑的活动的基础是动物的精灵，在脑内流动着，这比前人并没有多大进步。"笛卡尔对精神物质的区分则对科学家产生了积极影响，从此在对大脑的研究上人们更多地集中在生理性的物质研究上了，神经解剖学由此诞生。

托马斯·威利斯（Thomas Willis, 1621—1675）出生在英国剑桥附近的小镇，他是对神经解剖学发展做出重要贡献的人物。他曾经说过："在动物身体的不同部分，凡可以受到解剖处理的，没有一处比脑更难以了解，同时也没有一处像脑那样人们对其知之甚少。"他受笛卡尔哲学思想影响的同时超越了笛卡尔哲学，他认为动物有知觉，有认知，有记忆，动物的灵魂是物质的，不能离开身体。威利斯解剖了大量的动物和人的大脑，掌握了很多一手资料。1664年他出版了第一本神经解剖学奠基之作《大脑解剖》（*Cerebri Anatome*）。这本书聚焦于脑、脊髓和神经，谈到了神经和脑的生理问题，他提出了认知功能，诸如记忆力和想象力，都是由大脑中的特定部位控制的。他也创造了一系列的神经学解剖名词，包括大脑的叶、半球、椎体、大脑脚、纹状体等。在生理学范畴内他还首先使用了"反射"一词，用来描写非常快的、神经系统的输入、输出作用。威利斯抛弃了文艺复兴时期很多科学家认为的记忆位于后脑室包括附近小脑的看法，他认为记忆或者概念位于大脑最外面的脑表面，高级记忆能力应该与影像有关，而影像是印到大脑皮层里面去的，他注意到人的大脑有很多沟回，而狗、猫、鸟类、鱼类的大脑相对比较平滑，因此动物只能简单生活，而人则比动物聪明得多。威利斯还区分了大脑顶部的灰质和它底下的胼胼体，认为大脑的白质对于执行随意运动及其他高级功能是重要的。

威利斯正确区分了脑的功能，把记忆、意志和控制呼吸、心跳的低级脑干功能区分开来，把运动和纹状体联系起来。诺贝尔1932年生理学或医学奖得主谢林顿评价威利斯说："牛津的威利斯事实上重新建立了神经解剖学和生理学。威利斯把脑和神经系统置于现代基础之上。"在17世纪后半叶，威利斯把脑科学提高到了一个新的水平。

四、动物电的发现与大脑皮层不同功能的确定

神经细胞中电流的发现促使人类产生了又一新的学科——电生理学，它为研究人类大脑打开了又一扇大门。大脑皮层功能定位从猜想走向科学，"神智学"催生大脑"功能区"。

1791年意大利的解剖学教授路基·伽伐尼（Luigi Galvani，1737—1798）发表了他对"动物电"的研究成果，引起了世界科学界的极大震惊。伽伐尼1737年9月9日诞生于意大利的博洛尼亚。他从小接受正规教育，1756年进入博洛尼亚大学学习医学和哲学。1759年他从事医生职业并开展解剖学研究，他在大学开设了医学讲座。1766年他任大学解剖学陈列室示教教师，1768年任讲师，1782年任博洛尼亚大学教授。伽伐尼"动物电"的发现源自1780年的一次极为偶然的闪电，闪电使伽伐尼解剖室内桌子上与钳子和镊子环连接触的一只青蛙腿发生痉挛现象。具有严谨科学态度的伽伐尼没有放弃对这个"偶然"奇怪现象的研究。1786年的一天，伽伐尼在实验室解剖青蛙，用刀尖碰剥了皮的蛙腿上外露的神经时，蛙腿剧烈地痉挛，同时出现电火花。他发现如果使青蛙的神经和肌肉同两种不同的金属（例如铜丝和铁丝）接触，青蛙腿就会发生痉挛。经过反复实验，他认为痉挛起因于动物体上本来就存在的电，他把这种电叫作"动物电"。1791年伽伐尼公布了他的研究结果，"他断言大脑中的神经细胞在使用电流引起的活动中起着控制中心的作用"。他的研究在当时的科学界中引起了巨大的反响。意大利另一位科学家伏打（Alessandro Volta，1745—1827）不同意伽伐尼的看法，他认为电存在于金属之中，而不是存在于肌肉中。伏打的异议，促使伽伐尼进行更加严密的实验，他很快修正了自己的解释，并从实验中获得了动物体内确实存在动物电的新证据，从而为一门全新的学科——电生理学的建立奠定了基础。伏打也由此受到启发发明了电池。伏打电池的发明和电生理学的建立在科学史上一直被传为佳话。伏打真诚地赞扬说，伽伐尼的工作"在物理学和化学史上，是足以称得上划时代的伟大发现之一"。为了纪念伽伐尼，伏打还把伏打电池叫作伽伐尼电池，引出的电流称为伽伐尼电流。

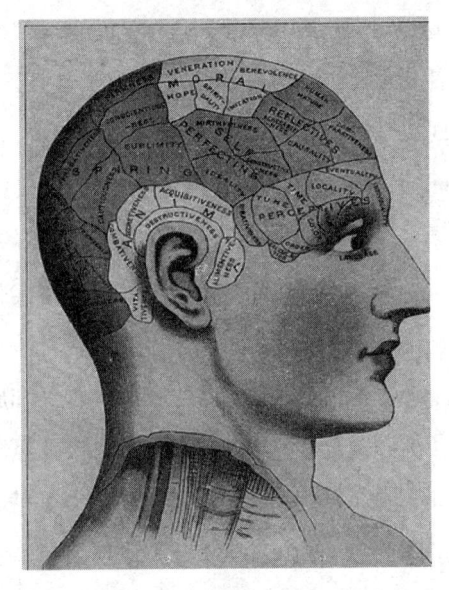

1664年，威利斯发表《大脑解剖》。到18世纪，大脑皮层组构方面的研究进展不大。1792年，弗朗兹·约瑟夫·加尔（Franz Joseph Gall, 1758—1828）提出大脑皮层是由很多不同的特殊器官组成的，每一个器官控制一个特定的神智能力，每一个器官还和其他器官联系，包括与大脑对侧半球的功能区联系，形成两侧间的协调配合。加尔的研究被称为"器官学"（Organology）。他把颅骨特征和神智功能相联系，认为人的心理与特质能够根据头颅形状确定，因此器官学也被称为"颅相学"（Phrenology）。颅相学家们认为大脑是心灵的器官，而心灵则由一系列不同的官能构成，其中每一官能便对应了大脑某一特定的区域。这些区域被认为按一定比例构成了人的特性。同时，颅相学家们还相信，颅骨的形状是与大脑内这些区域的形状相关的，因此通过测量人的头颅便能够判断每个人不同的人格。加尔根据他收集的人的颅骨定出了与27个器官对应的神智能力，其中19个是人和动物共有的，8个是人特有的。共有的包括生殖本能、爱护后代、情感、破坏性、控制欲等，人所特有的包括智慧、写诗的才能和宗教信仰等。

加尔从小就喜欢观察人的外表（尤其是颅骨外表）同心理的关系。例如，他根据个人长期的个案观察，发现眼睛明亮的人，一般记忆力较好；头骨隆起的人，可能象征着贪婪的脑机能，是监狱中扒手的特征等。他根据当时的生理和解剖学知识，写了一套名为《神经系统特别是大脑的解剖学和生理学》的系列著作，全书共4卷，包括几百页的书和一百多页的图谱，前两卷于1810年出版，后两卷于1819年出版。1822年至1826年间这套书的法文版再版，作者改用了《关于脑的功能》的书名。加尔是一位致力于发现脑与行为关系的学者，他是一位不被理解的科学家。他的颅相学在世俗中影响很大却始终不被学术界所接受，他收集了很多颅骨，也对颅骨的形状和人的行为特征做了很多研究，但是他很少考察脑本身。尽管他也是一位解剖学家，但是由于他在颅相学上的影响使他在解剖学上的研究成果也受到了质疑和非议，以致当他申请法国科学院成员时遭到了拒绝，正是这一拒绝促使他写了《神经系统特别是大脑的解剖学和生理学》一书。加尔的颅相学从来没有获得学术界的认可，他当时所做的定位是没有太多根据的，而且许多说法现在看来是完全错误的，但是他的脑机能定位思想在随后的100多年里有了长足的发展。

约翰·施普尔茨海姆（Johann Spurzheim, 1776—1882）是加尔的学生和助手，他们密切合作了九年，由于学术分歧最终分手。施普尔茨海姆把加尔的27个器官发展到33个，去掉了杀人狂、小偷等，增加了希望、正义等对应的器官，他认为训练和教育对于改变人的本性有很大的帮助。在他和加尔决裂之后，他用"神智学"这个名词传播他的思想，1818年他出版了著作《神智学观察》。乔治·库姆（George Combe）是施普尔茨海姆的追随者，他相信通过教育，人类最重要的、令人尊敬的能力会有所发展。他组织了神智学会，编辑了《神智学杂志和杂记》，还于1827年出版了他的专著《人的构成》。器官学、颅相学、神智学曾经风靡一时，但是很快就受到人们的质疑。1822年法国科学院委派让·皮埃尔·弗卢朗（Jean Pierre Flourens, 1794—1867）检验加尔的理论时，他做了无数次动物（鸟类）脑损伤及刺激实验，与加尔的结果完全不同。他认为加尔关于皮层器官的观点是完全错误的。美国华盛顿的休厄尔（Sewall）教授也指出：脑损伤对脑能力的影响很少与神智学相符合，完全不可能通过头颅测量了解脑。但无论如何加尔对神经中枢系统解剖的贡献是重要的,他提出皮层功能定位的说法,迫使人们思考大脑皮层可能是由一系列不同功能的器官组成的,这一研究从那时开始一直延续到今天。

19世纪80年代,神智学引发了科学界的兴趣,虽然一些科学家对头颅测量法存有异议,但是仍然有人在思考人的大脑皮层是由不同的功能区域组成的问题。1825年让·巴普蒂斯特·布约(Jean-Baptist Bouillaud, 1796—1875)发表一项工作报告,根据他的病例研究提出:语言一定是前脑叶的一个功能,恰如加尔在多年前提出的那样。布约假设"脑内有两个不同的语言区,一个是智能的,他为了语言的记忆,是语言的执行器官,位于前部大脑皮层;另一个位于其下的白质,他是为了产生讲话所需的运动。"布约的研究在当时产生了相当大的影响。

1861年3月,法国外科医生、神经病理学家、人类学家保罗·布罗卡(Paul Broca, 1824—1880)在一个人类学学会的会

议上宣读了一篇关于脑的大小与智力关系的论文。他在论文中说：脑功能定位的看法在他的临床中有很多事实支撑；根据他的研究，大脑皮层不同区域的细胞是有区别的，这也提示大脑功能上的差别；他认为脑功能定位的看法与比较解剖学的证据是一致的，比较不同动物的大脑，额叶大小与智力应该是有关系的。就在他发表论文后的一个多月，他收治了一位"失语症"病人，布罗卡细心地为患者做了5天的检查后，患者于4月17日去世，布罗卡当天就进行了尸体解剖，结果发现患者的喉头肌肉和发音器官都不足以阻碍其正常的语言运动，也没有其他瘫痪的征候可以妨碍发音，而且患者还很聪明，能借助符号来进行交际，其他方面也都显得正常，不至于不能说话。布罗卡发现在患者大脑左半球的第三个前额沟回有一处内伤，布罗卡确定失语症病人不能说话的原因在于他前额沟回的内伤。因此布罗卡将死者的大脑保存于酒精之内，并向法兰西人类学学会描述了他的发现。他为此写出了轰动科学界的论文——《人是用左脑说话》。

对失语症的研究使人类终于认识到了左脑和右脑功能不同。后来人们根据布罗卡的发现把大脑负责运动性语言的中枢命名为布罗卡氏区，又称布罗卡中枢或布罗卡回。布罗卡氏区位于第三额叶回后部，靠近大脑外侧裂处的一个小区，即布鲁德曼第44、45区。它的功能是产生协调的发音程序，提供语言的语法结构和言语的动机及愿望。布洛卡氏区病变引起的失语症称为运动性失语症或表达性失语症，即病人阅读、理解和书写不受影响，他们知道自己想说什么但发音困难，说话缓慢费力，不能使用复杂句法和词法，自发性主动语言障碍，很少说话和回答，语言有模仿被动的性质。还有一种症状，就是病人可以说很流利很符合语法的话，但这些话毫无逻辑，也没有任何意义，不能使人听懂他在说什么。布罗卡氏区的发现，不但使人相信神经系统内的机能各有其特殊的定位，而且还找到了以脑沟回作为脑的机能分区的明确标志。

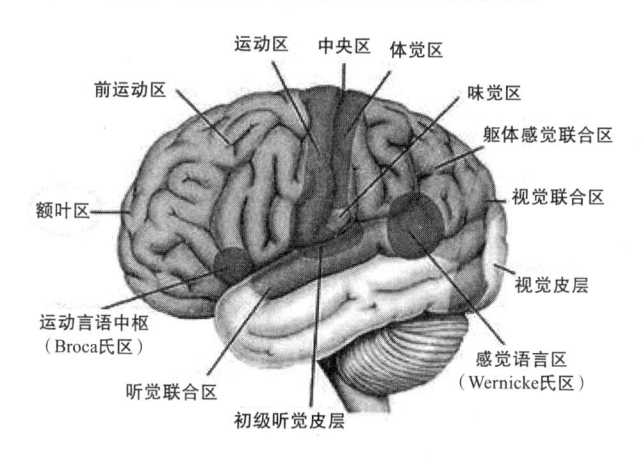

在布罗卡发现布罗卡氏区之后不久的1874年，一个叫卡尔·韦尼克（Carl Wernicke, 1848—1904）的年轻德国人发现了左半球还有另一个重要的语言区域，它控制语言理解的技能。该区域被称为韦尼克氏区。韦尼克氏区包括颞上回、颞中回后部、缘上回以及角回。在这个区域内有听觉性语言中枢和视觉性语言中枢，主要的功能是用来理解单词的意义。韦尼克氏区的损伤，将产生严重的感觉性失语症。患有该症的患者能够听见声音，但无法理解语言的意思。患者能组织语法上正确的句子，但没有能力在句子中表达任何意义。布罗卡氏区与韦尼克氏区的协调互动，保证了人对语言的理解和表达。

五、深度研究大脑建立神经生物学

脑功能定位为脑深部结构研究创造了条件。德国的弗里奇和希齐希研究了狗大脑皮层的运动区。英国人费里尔把动物研究的种类扩展到灵长类，并且研究了感觉区。美国马古恩研究了肌紧张及姿势的调节。他与意大利的莫鲁齐共同开启了脑干上行激动系统的研究。瑞士的赫斯研究了下丘脑与情绪。德国的博格发明脑地图。英国的阿德里安发现了第二感觉区。加拿大的潘菲尔德绘制大脑皮层功能图，还与米尔纳研究了记忆问题。

科学家从研究大脑逐步发展到研究大脑的组织结构。19世纪,科学家发现了脑细胞。1837年,普尔基涅(Jan Evangelista Purkyně, 1787—1869)发现了细胞,他在布拉格的一次科学会议上提出了"细胞",他描写小脑的一种细胞"有细胞核",有某些"像丝一样的突起"。为了纪念他,这个细胞被命名为"普尔基涅细胞"。1838年,马蒂亚斯·J. 施莱登(Matthias J. Schleiden, 1804—1881)发现所有植物都是由细胞构成。1839年,西奥多·施万(Theodor Schwann, 1810—1882)提出细胞理论也适用于动物组织,施莱登与施万共同建立了细胞学说。施万在研究中还发现了覆盖在轴突上的髓鞘。髓鞘并非是神经细胞的一部分,而是在外周神经系统有些细胞包绕于轴突外,使它们呈现白色,这个细胞被人们称为"施万细胞"。细胞发现后,细胞是如何工作的就成了科学家们关心和研究的问题,1873年,卡米洛·高尔基(Camillo Golgi, 1843—1926)首创新的染色法——高尔基染色法,以此对神经系统进行周密的研究。他在意大利的一个医学杂志上发表了《关于脑灰质结构》的论文,描述了细胞体和它的突起,单根轴突和多根树突。1873年以后,他把研究重点转向了小脑及嗅球的细胞,他区分了神经细胞的形态,有长轴突的和短轴突的,短轴突的神经细胞中止于复杂的树丛样结构,这种不同类型的细胞被称为高尔基Ⅰ型和高尔基Ⅱ型。1875年,他描写了胼胝体和脊髓的细微结构，研究了胶质细胞。胶质细胞与神经细胞的区分在于胶质细胞没有轴突。他的另一个贡献是发现了肌肉里有一个特殊器官，其作用是为肌肉发出反馈信息，反应肌肉的张力，这个结构被解剖学家称为高尔基腱器官。高尔基是意大利医生、神经生物学家、生物组织学家，帕维亚大学教授。1843年7月7日他生于意大利的利尔特诺，曾在帕维亚大学医学院学习，1865年毕业，到圣马特奥医院当医生，并开始对神经系统疾病进行研究。他1872年任阿毕阿特戈拉苏地方慢性病医院院长，1875年成为帕维亚大学特邀教授，1879年任耶那大学解剖学教授，1881年任帕维亚大学综合病理学教授，后来担任帕维亚大学校长，并当选为意大利王国上议院议员。第一次世界大战期间，高尔基任帕维亚陆军医院的负责人。高尔基最初研究人体内疟原虫的发育环，1885年，他发现了不同类型的疟疾是由不同类疟原虫引起的，疟疾发热周期不同与血液中含原虫的数量有关。后来他专门研究神经系统构造与疾病。他在医学上的研究成果，使他获得了80多种奖章、奖金和荣誉学位。1906年，他因对神经系统构造的研究成果，同西班牙医学家圣地亚哥·拉蒙·卡哈尔（Santiago Ramon y Cajal, 1852—1934）分享了当年的诺贝尔生理学或医学奖金。1926年1月26日，高尔基在帕维亚逝世，终年82岁。

圣地亚哥·拉蒙·卡哈尔是西班牙病理学家、神经组织学家，神经生物学家。他对大脑的微观结构具有开创性的研究，被许多人认为是现代神经科学之父。他的绘图技能出众，他关于脑细胞的几百个插图至今应用于教学中。卡哈尔是医师和解剖学讲师斯托·拉蒙（Justo Ramón）的儿子，1873年毕业于萨拉戈萨大学医学院，在西班牙军队担任医务人员。1881年，他被任命为瓦伦西亚大学教授。1877年他在马德里获得医学博士学位，后来他在巴塞罗那和马德里都得到教授称号。他是萨拉戈萨博物馆主任（1879年）、国家卫生研究所主任（1899年），也是卡哈尔研究所的创始人，1934年逝世于马德里。对于神经系统的结构，当时人们众说纷纭：神经细胞之间到底是相互独立的还是相互融合的？脑的工作形式究竟是怎样的？

对于前一个问题的回答学术界有两种意见：如果神经细胞之间是相互独立的，那么细胞之间又是以何种形式传递信号的呢？在当时突触仍属未知；如果神经细胞之间是相互融合的，那么这将意味着整个神经系统是一个巨大的网络，神经细胞胞体将只负责提供支持和营养，脑将作为一个整体来实现它的功能。上述两种意见各自拥有自己的支持者。然而第二种意见在当时占据了主流，即网状理论——至少它看上去更加合理，也不需要研究什么"未知的形式"去完善理论。但是卡哈尔坚定地站在反对网状理论的一边。1888年5月，他在自己创办的《正常和病理解剖季度评论》杂志的第一期上发表了他运用改进的高尔基染色法研究鸟类小脑的论文，论文阐述"没有证据表明轴突或树突是互相融合的"，他在同期《评论》上，还发表了考察视网膜的结论，同样不能发现视网膜上有神经网络的证据。以后他转向嗅球、大脑皮层、脊髓和脑干的研究，不管他观察什么组织，都不能发现神经网络存在的证据。1889年他提出"神经细胞应该被看成为一个独立的元素，如同组成身体的其他细胞一样"。卡哈尔后来被公认为"神经元理论"的主要代表人物。

1890年和1896年，伊斯（His）和克利克（Koliliker）分别提出了"树突"和"轴突"的概念；1891年，威廉·瓦尔代尔（Wilhelm Waldeyer, 1836—1921）提出了"神经元"概念。今天我们已经认识到：神经元是中枢神经系统的生理单位，神经元是一个独立实体；树突和轴突自神经细胞胞体伸展而出，神经细胞胞体负责支持与营养；神经冲动的传导方向是自树突到胞体再到轴突，一般是单向的；神经细胞之间存在生理上不连续，神经冲动可以单向跨越这种"不连续"，并在神经元之间进行级联传导。神经元理论已经被广泛接受，但在当时神经网状理论却更受欢迎。

卡哈尔致力于观察神经细胞之间的联系，使得这些神经结构变得清晰且易于理解，过硬的事实使得神经元理论开始赢得尊敬。1906年，瑞典卡罗琳斯卡医学院将诺贝尔生理学或医学奖授予在神经组织学领域做出重要贡献的高尔基和卡哈尔。在颁奖典礼现场，高尔基首先发言，他以脑部受损后功能的恢复以及脑组织强大一致的信息整合能力为依据再次申明了自己对网状理论的支持。而卡哈尔则说："的确，如果神经中枢是由运动神经……和感觉神经相互融合并连续组成的网络，那么事情会变得非常方便、经济和易于分析。不幸的是，大自然似乎无视了我们智力上对方便和一致的需求，而往往乐于表现出复杂性和多样性。"卡哈尔一生写了超过100多篇论文和12本书，《神经系统的组织学》《神经系统的再生和变性》和《大脑皮层的研究》都是非常经典的著作。

19世纪，当一批科学家深入进行神经组织学研究的时候，另一批科学家依然在深入探究着神经功能的奥秘。当时神经定位学说遭到了"正统"科学家的质疑,他们认为布罗卡提供的案例是"孤证",要看到更多的研究实证。古斯塔夫·特奥尔多·弗里奇(Gustav Theodor Fritsch, 1838—1927)和爱德华·希齐希(Eduard Hitzig, 1838—1907)都是德国人,他们都做过医生。弗里奇在1864年丹麦战争时期为伤员包扎时碰到了伤员暴露的大脑,引起了伤员对侧身体的抽动,由此他对大脑的运动功能产生了兴趣。而希齐希则在19世纪60年代晚期注意到刺激电流作用于人头部或耳朵后方,可以引起眼睛运动。他们决定联合起来,用狗作为实验动物,就在希齐希的家里开始了神经生物学的实验。他们刺激狗前部脑的皮层区,发现可以导致前肢收缩,在附近又发现一个后肢的区域,接着又找到了脸部和颈部的区域。他们认识到运动区是由很多小的区域联合起来的,各个小区相对应于身体的不同部分。1870年,他们把他们的研究成果写成论文发表,他们的结论是:1. 皮层定位不仅仅限于语言;2. 即使是狗大脑皮层也有特异化的器官;3. 大脑皮层的一部分用电刺激可以使其兴奋;4. 刺激和切除的试验方法可以对脑的组构提供资料和信息。他们认为某些心理学功能,甚至所有功能都局限于大脑皮层中枢。他们鼓励更多的研究者研究皮层感觉区域以及更高级的功能区。

英国神经生物学家戴维·费里尔（David Ferrier, 1843—1928）比较全面地研究了大脑皮层的运动、感觉功能，发现了与情绪、记忆、注意等有关的脑区。1873年费里尔应邀在约克郡精神病院开始了他的皮层功能定位的动物实验研究，他用猴子做实验动物，切除了一只猴子的左侧运动皮层，结果这只猴子不能随意运动他的右侧肢体；他切除了另外一只猴子的双侧颞叶，这只猴子在其他感觉方面没有任何困难，运动方面也没有异常，却表现出了完全耳聋。1876年，费里尔的第一部著作《大脑的功能》出版了，这本书记载了费里尔的成名实验和他的发现及理论。1878年，费里尔出版了他的第二本书《大脑疾病的定位》，这本书描述了大脑不同的功能分区和大脑分区在内科中的应用，这本书更加接近临床。1878年，费里尔和他的朋友胡福灵斯·杰克逊（Hughlings Jackson）、克莱顿-布朗（Crichton-Browne）和贝克内尔（Bucknell）一起创办了《大脑》（Brain）杂志期刊，这份杂志为神经内科方面的实验提供了一个交流平台，直到今天，《大脑》杂志还在出版。费里尔的研究和成果是在不断争议中逐渐被人们接受的，他的研究为人类解除脑疾病做出了卓越的贡献，他对神经科学的贡献和他为科学的奉献精神受到了后人的称赞。正是由于弗里奇、希齐希和费里尔的研究，脑的特定区域在运动、感觉和联络方面的作用的概念才逐渐建立起来，这为脑科学的发展奠定了坚实的医学基础。

　　随着对脑功能的深入研究，脑功能定位涉及了皮层下结构，如：纹状体、间脑（丘脑和下丘脑），以及下位脑干。为开展脑深部结构的研究，在三维坐标上确定脑深部结构的位置是一个重要的先决条件。美国芝加哥西北大学神经研究所的蓝森推动了脑立体定向仪的应用，实验室的马古恩在这种思想的指导下研究了肌紧张及姿势的调节，以后的意大利莫鲁齐也来到芝加哥共同开启了脑干上行激动系统对脑的普遍激醒以及与人的意识的研究。

斯蒂芬·瓦尔特·蓝森（Stephen Walter Ranson, 1880—1942）是芝加哥西北大学医学院神经学研究所所长, 1928年, 他用脑立体定向仪研究"下丘脑神秘而不切定"的各种功能。下丘脑和脑干不在脑的表面而在脑的深部, 他们用脑的立体定向仪细致地一毫米一毫米地对脑深部结构进行电刺激, 以确定下丘脑及其他脑干区的各种效应。霍勒斯·W.马古恩（Horace W. Magoun, 1907—1991）、瓦尔特·W.英厄姆（Walter W. Ingram）参加了研究。马古恩发现并确定, 脑干不同部位具有增强、抑制肌紧张的作用, 这对理解姿势和运动的调节至关重要。在对下丘脑的研究中他们发现如果损伤了视上核到垂体的神经束, 就引起持续性多尿。这种损伤并不伤害到垂体后叶, 说明一定有一个高级的控制在起作用, 下丘脑的重要引起了人们的重视。朱塞佩·莫鲁齐（Giuseppe Moruzzi, 1910—1986）是意大利生物学家，第二次世界大战后他来到芝加哥西北大学医学院与马古恩一起合作，利用脑立体定向仪技术，发现并确定了脑干网状结构上行激动系统的功能。脑干里面从延髓到中脑这一段具有激动大脑皮层的作用，"脑干里存在的上行网状结构的传导系统可以激活脑电图，使它去同步化，使得高电压脑电波转变为低电压快波，而这一对于大脑皮层的效应是通过丘脑的弥散投射系统的"。脑干激活上行系统的理论，解释了正常人和动物为什么存在意识状态。

瓦尔特·鲁道夫·赫斯（Walter Rudolf Hess, 1881—1973）

是瑞士生理学家，起初他是一位眼科医师，后来对自主神经系统产生兴趣，专门研修神经生物学。他通过小电极刺激或破坏猫脑和狗脑的某些特定部位，发现自主功能的中心在脑底部——延髓、间脑，特别是下丘脑。他把每一种功能的控制中心定位得极为精确，只要刺激猫下丘脑的某一固定点，就能使猫表现出遇到狗时那样的行为模式。因为他发现下丘脑具有调节体温、饥饿、渴、性活动的功能，具有调节有目的的搜索行为、内分泌功能、情绪行为以及内脏神经系统活动的作用，因此他与埃加斯·莫尼兹共获1949年诺贝尔生理学或医学奖。赫斯著有《精神生物学》等著作，他认为讨论情绪问题一定要联系到下丘脑以上的大脑和高级的神经系统才能完整。蓝森、赫斯等人的研究使我们认识到"下丘脑不仅是一个自主神经系统的运动神经核，也是一个协调的中枢，它把不同的输入加以整合，保证产生协调的、合适的一套自主性的和躯体性反应"。"下丘脑的作用是把情绪的外周表达整合起来。"

20世纪二三十年代脑功能研究的特点是应用电生理学的方法研究大脑的诱发电位和单位放电。汉斯·伯格（Hans Berger, 1873—1941）是德国精神病学教授，他希望更多地知道脑力功能的生理学知识，用电生理学的方法记录了人类大脑的脑波。"伯格观察到，当受试者眼睛闭着静静地躺在那里，会出现大约每秒10次的脑波，当受试者睁开眼睛的时候，节律性的波动被比较快的、低电压波所取代。这种每秒10次的脑电波，被称为伯格节律，伯格认为每秒十次左右的波动代表了细胞的节律性放电，这种放电扩散到整个大脑皮层，或者至少是很大范围的灰质。"1929年，他在一系列开创性论文中，根据仪器检测到的不间断脑电波推测，"中枢神经系统始终处于相当活跃的状态，而不仅仅是在人们清醒的时候"。伯格把这种电波看作为大脑皮层的基本电活动，而节律的丧失是一种阻断效果。伯格认为视觉皮层的激活有能力抑制大脑其他部位同步性电波的出现。伯格根据脑电波制作了脑电图，它是世界上第一个用脑电波研究大脑活动规律的人。

在脑功能定位及神经系统的研究中，人们自然会想到脑的这一部分和那一部分是怎么联系的？感觉器官活动的信息是怎么传到大脑的？伯格的脑电波研究为探索这些问题开辟了新路。英国神经生物学家阿德里安（Edgar Douglas Adrian, 1889—1977）继续了这些方面的研究和探索。1927年，他和马修斯在海鳗视神经上记录到一串动作电位，他们注意到，光照强度增加，则放电频率变快，潜伏期缩短。阿德里安记录的是外周神经，以后他们又发展到对中枢神经单个神经元的记录。阿德里安运用单纤维记录技术，在传入神经纤维上证明感觉刺激的强度是以冲动发放频率来编码的，后来又证明中枢通过运动神经纤维对肌肉传送信息，也用同样的编码原则。1932年阿德里安与谢林顿因发现中枢神经反射活动的规律共获诺贝尔生理学或医学奖。阿德里安在发表获奖感言时说："外周神经系统，我们的主要关心是找出单个单位里面发生了一些什么，我们现在知道，这是相当简单的一系列事件。在中枢神经系统里面则不同，每个单位所发生的事件是不怎么重要的，我们关心的是大量神经元的相互作用，而我们的责任是要找出这种相互作用发生的方式。"1940年阿德里安通过脑电波的研究发现猫有一个比较小的第二前肢代表区，位于初级前肢区的下方，很快阿德里安又在狗、猴子、鸽子、羊、兔的大脑上得到证实，接着有关人的第二代表区的研究也有其他学者的报道。人们认识到两个不同的皮肤感觉区：第一躯体感觉区和第二躯体感觉区各有不同的功能，第一区同主动的感觉运动探索有关，第二区则与机体被动地接受触觉刺激有关。阿德里安的主要著作有《感觉的基础》《神经作用的机制》和《知觉的物理背景》。

怀尔德·格雷夫斯·潘菲尔德（Wilder Graves Penfield, 1891—1976）是神经外科医生、神经生理学家，1918年发表第一篇关于轴突切断后神经元高尔基器变化的论文，以后受谢林顿（Charles Scott Sherrington, 1857—1952）影响研究大脑，1928年移居加拿大从事神经生理学和人脑的研究，1934

年成为加拿大公民。潘菲尔德创办了蒙特利尔神经学研究所（Montreal Neurological Institute, MNI），很快它便成为国际知名的神经系统疾病的教学、研究和医疗中心。1938年潘菲尔德注意到刺激病人颞叶皮层某些部分，可以引起病人对已经遗忘经历的生动回忆。他和休林斯·杰克逊（Hughlings Jackson, 1835—1911）合作发现，差不多半数病人的癫痫发作起源于一侧的颞叶皮层。1941年潘菲尔德与赫伯特·H.贾斯珀（Herbert H. Jasper, 1906—　）合作发表了第一篇完整的脑电图文章，贾斯珀致力于对神智和行为的研究，他在意识状态、学习和癫痫发作的脑电图关系研究上，做了大量工作，1941年他曾发表《脑的电活动综述》。1950年，潘菲尔德和索多尔·布朗·拉斯穆森（Theodore Brown Rasmussen, 1910—2002）共同绘制出一幅人类感觉区和运动区的大脑皮质机能定位图。潘菲尔德给病人动脑部手术时，进行了以微电极刺激皮质各部位的试验，他向这些病人询问他们的感觉，由于大脑本身没有痛觉感受器，病人只在头皮作了局部麻醉，因此在整个手术过程中，病人仍处于清醒状态，可以回答问题。通过观察刺激哪些脑区，可造成病人身体不同部位的身体感觉，据此绘制出大脑皮质的感觉区和运动区定位图，揭示了躯体和大脑皮质的关系。如下页图所示：

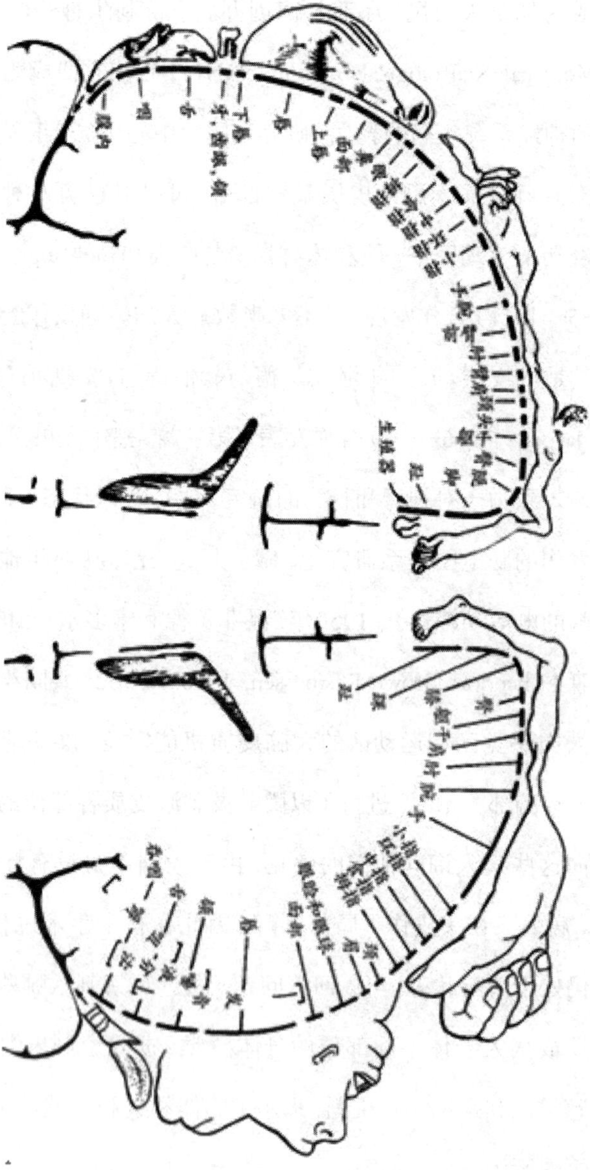

虽然手臂、躯干占了身体很大一部分，但是它们所对应的皮质组织并不多。然而，脸部以及手则占去主要体感觉皮质区（primary somatosensory cortex）很大的区域。这是因为主要体感觉皮质区的大小和身体区域的敏感性，以及身体不同区域的接受器密度直接相关。接受器密度越高的皮肤区域，如面部、手以及手指，尤其是嘴唇，有更多的大脑皮质区域与其相应。如果以身体每个部位所用的皮质大小重建你的人体模型，你会看见一个变形人：头大，身体小，手大，脚小。这个变形的人体图，被称为homunculus，意思是"小矮人"。小矮人身体模型图说明大脑皮质中有多少注意力集中到机体的各种不同部位，所展示的部位越大说明这部分越重要。此后，他又和其他人一起研究了联系这些区域的传入、传出纤维通路，以及与人类言语活动相关联的皮层结构，在较广的范围内开拓了对行为与脑的功能相关性的现代研究。1951年潘菲尔德与心理学家布伦达·米尔纳（Brenda Milner, 1918—　）一起发现内侧颞叶海马切除的病人有严重的记忆障碍，双侧海马功能缺失病人记忆完全丧失，但不影响智能和注意力。1954年他们提出了"中央脑系统学说"，这一学说认为：颞叶和间脑的环路是人类记忆的主要区域。这一区域像一个录音录像装置，把人的全部经历毫无遗漏地记录下来，这种记录虽然在大多数情况下未被人主观意识到，但它的确是客观地实现了。潘菲尔德在他一生的众多贡献中最杰出的贡献是：发展了对某种形式的癫痫的神经外科治疗；更好地理解了人的大脑皮层的功能组织；发现了对人类大脑皮层的某些部位进行电刺激会唤起对过去生活经验的生动回忆，即一种早期生活事件的"倒叙"。因此，对这一区域施加特殊的刺激时，一些在通常情况下根本无法回忆的过往便被回忆起来了。潘菲尔德的精神、大脑关系研究是以他作为神经外科医生和大脑研究者的经验为基础的，具有独创性和挑战性。

六、认知与意识的研究

胡贝尔和威塞尔把感觉生理的研究引到认知科学的知觉领域。佩里斯证实了左右半球不是简单的优势和从属的关系，而是相互分工各有特点，佩里斯提出了关于意识问题的新看法。

人类明确了大脑的功能定位之后，向更深的领域研究，胡贝尔和威塞尔在库夫勒的影响下研究了猫和猴的大脑皮层视觉功能，研究了知觉过程中神经元活动的表现，把感觉生理的研究引向了认识神经科学领域。戴维·H.胡贝尔（David H. Hubel, 1926—2013）美国神经生理学家、美国科学院院士。胡贝尔与瑞典裔美国神经生理学家托尔斯滕·N.威塞尔（Torsten Nils Wiesel, 1924—　）一道发现了神经细胞是如何将进入视网膜的光线，一点一滴地合成我们感知外部世界的详尽的、运动的、几乎无限多的最终图像。经过25年的共同研究，"他们发现，从左眼或右眼传入到大脑皮层有优先激活哪一侧的特点，这就是视觉优势柱现象。他们描述了七种类别，按照细胞柱来看，有两个独立的细胞群，一个柱是为方向用的，另一个柱是为视觉优势用的。""方向柱是视觉层的一个功能，可以看出输入进去是什么东西，输出的又是什么东西。方向柱从皮层表面开始一直到大脑皮层白质，涵盖了整个皮层灰质范围，排成一格高度有序的组构，而且是按顺时针或按逆时针方向转移的。"他们揭示，在大脑视觉皮层中，具有相同图像特征选择性和相同感受域的众多神经细胞，以垂直于大脑表面的方式排列成柱状结构——功能柱。这些柱状结构被看成是大脑功能组织的一个基本结构，功能柱垂直地贯穿大脑皮层的六个层次，同一功能柱内所有的神经细胞都编码相同的视觉信息。每个模块各自处理所见世界的不同组成部分：如形状、轮廓、颜色、运动和立体感。

胡贝尔和威塞尔与美国神经心理学家、神经生物学家罗杰·W.斯佩里（Roger Wolcott Sperry, 1913—1994）分享了1981年诺贝尔生理学或医学奖。胡贝尔和威塞尔之所以被授予诺贝尔奖，其主要理由是基于以下两项成就：第一，他们在视觉系统发育方面的研究，发现了视觉功能柱。第二，他们的研究奠定了视觉神经生理学的基础，呈现给人们视觉系统是如何将来自外界的视觉信号传递到视觉皮层，并通过一系列处理过程（包括边界检测、运动检测、立体深度检测和颜色检测等）最终在大脑中构建出视觉图像的。

胡贝尔和威塞尔的实验结果表明，视觉功能柱的发育过程在动物幼年时一旦完成即定型。这项研究为我们了解和治疗幼儿白内障和斜视打开了大门，对于大脑皮层神经元可塑性的研究非常重要。当胡贝尔和威塞尔开始研究视觉系统的时候，人们对视觉皮层的功能组织还知之甚少，科学家们只是在不久前才刚刚开始记录来自大脑最高层和最复杂区域的电脉冲。诺贝尔奖委员会称他们的研究"揭开了大脑深处最隐秘的秘密之一：其细胞解码大脑来自眼睛所接收信息的方式。"胡贝尔和威塞尔所做的实验大幅扩展了科学界对感觉信号处理的认识。他们的研究发现，视觉细胞在出生后即开始发育，如果不使用就迅速退化。这一发现使得已经确立的推迟视觉障碍儿童矫正手术的准则得以改变。

胡贝尔和威塞尔是受著名匈牙利裔美国神经生理学家斯蒂芬·W.库夫勒（Stephen William Kuffler, 1913—1980）邀请，合作开展视觉神经研究的,在库夫勒的领导下他们从约翰·霍普金斯大学眼科研究所到哈佛大学神经生物学系,一直从事着艰苦细致的研究,使他们所在的机构成为世界神经生物学核心。

罗杰·W.斯佩里美国神经生物学家、心理生物学家。1942年起,他开始从事生物学研究,1954年后任加利福尼亚理工学院心理生物学教授。曾荣获美国国家科学奖,1960年当选为美国国家科学院院士,1971年获美国心理学会颁发的"杰出科学贡献奖",他是美国科学促进会等组织成员,国际脑研究组织成员。他通过割裂脑(split brain)试验,证实了大脑不对称的"左右脑分工理论",揭开大脑两半球秘密和功能分工,证明大脑两半球的功能具有显著差异。斯佩里把猫、猴子、猩猩联结大脑两半球的神经纤维(最大的叫胼胝体)割断,称为"割裂脑"手术。这样两个半球的相互联系被切断,外界信息传至大脑半球皮层的某一部分后,不能同时又将此信息通过横向胼胝体纤维传至对侧皮层相对应的部分。每个半球各自独立地进行活动,彼此不能知道对侧半球的活动情况。20世纪40年代外科医生范瓦根宁(Van Wagenen)为了控制病人严重的癫痫,通过手术切断了病人的胼胝体,癫痫发作几乎完全消失,获得较理想的疗效。1961年斯佩里设计了精巧且详尽的测验,在做割裂脑手术的人恢复以后,进行了神经心理学的测定,获得了人左右两半球机能分工的第一手资料,发现两半球机能的不对称性(asymmetry)。同时他发现右半球也有言语功能,从而更新了优势半球的概念。裂脑人的每一个半球都有其独自的感觉、知觉和意念,都能独立地学习、记忆和理解,两个半球都能被训练执行同时发生的相互矛盾的任务。斯佩里的研究表明,人的大脑两半球存在着机能上的分工,对于大多数人来说,左半球是处理语言信息的"优势半球",它还能完成那些复杂、连续、有分析的活动,以及熟练地进行数学计算。右半球虽然是"非优势的",但是它掌管空间知觉的能力,对非语言性的视觉图像的感知和分析比左半球占优势,音乐和艺术能力以及情绪反应等与右半球有更大的关系。对于正常人来说,大脑两半球虽然存在着机能上的分工,但是大脑始终是作为一个整体而工作的。斯佩里的研究,深入地揭示了人的言语、思维和意识与两个半球的关系,在对意识的研究上,斯佩里得出了这样的结论:"意识是脑的一个高级特征,它是一个有能力来修饰其他脑活动的过程。"他的研究为人们了解人脑的更高级功能提供了新观念,斯佩里本人也因此于1981年与胡贝尔和威塞尔分获诺贝尔生理学或医学奖。

七、神经生物化学、分子生物学探讨分子中的信号传递

尽管"神经信号通过'纤维连接处'化学地进行传导"已被人们普遍接受,但是纤维中的神经信号特质仍旧无解。霍奇金与赫胥黎通过研究,形成了神经冲动的离子理论。20世纪70年代生物物理学家、生物化学及分子生物学家为推动离子生物学说的发展做出了重要贡献。

艾伦·劳埃德·霍奇金爵士(Sir Alan Lloyd Hodgkin, 1914—1998),英国生理学家和细胞生物学家,1914年生于英国班柏立,1932年入剑桥大学三一学院打算从事鸟类研究,稍

后兴趣转向细胞生理学进而对扁虫进行研究。后与安德鲁·F.赫胥黎（Andrew Fielding Huxley，1917—2012）在英国普利茅斯海洋生物协会一起工作，探讨枪乌贼神经细胞巨型轴突上的电活动，最终因对神经细胞电兴奋的开创性研究获得了诺贝尔生理学或医学奖。

安德鲁·赫胥黎（Andrew F. Huxley）1917年11月22日出生于伦敦，他是英国19世纪的科学家和作家莱昂纳德·托马斯的儿子。1935年他进入三一学院，喜欢物理、化学和数学，因为学科要求选修一门其他科学，他选修了生物学。由于接触了阿德里安、拉什顿、霍奇金等人，他逐渐爱上了生物学。"1939年他参加了霍奇金位于英国普利茅斯的海洋生物实验室工作，成功记录了乌贼巨轴突的轴突内记录。""1941年他获得三一学院的研究奖学金，并在三一学院生物系有了职务，后来又在剑桥大学有了教职。""1946年至1951年，他多数时间跟霍奇金一起研究神经的传导，也跟施滕普夫利一起研究髓鞘神经。1952年他转到肌肉收缩的研究，研究骨骼肌的横纹，发明并建立了相差显微镜，以后他又研究动作电位产生的计算机模拟。赫胥黎还发现了电子显微镜用的切片刀。"

尽管"神经信号通过'纤维连接处'化学地进行传导"已被人们普遍接受，但是纤维中的神经信号特质仍旧无解。当时普遍认为神经是电质的，通过钠离子的运动产生，而且在神经中枢传导。但霍奇金等人的实验却发现，简单地把神经纤维"当成一块电池"的说法站不住脚，不过要真正解答其中的反应却给实验者提出了很大的难题，因为神经中的一个脉冲仅仅持续几毫秒，很难捕捉以进行研究。这就要求科学家在如此短的时间内，在神经纤维的不同部位测量不断改变的潜在电质，并且将这些空间运动信息，同纤维隔膜间产生脉冲的详细电化学反应结合。霍奇金与赫胥黎以经过改进的实验手段，完整地探明神经细胞轴突质膜表面发生的电兴奋。他们从枪乌贼体内剥取大型的单根神经轴突（或称神经纤维），以特制的电极插入轴突处的细胞膜内而不损坏轴突，通过膜内外记录的电位差，发现神经细胞轴突在兴奋时发生膜电位的急剧倒转。他们的实验和美国人K.科尔（Kacy Cole）、H. J. 柯蒂斯（H. J. Curtis）的实验结果一致，共同证明了神经冲动的本质是神经纤维表面细胞膜的膜电位快速倒转，即动作电位。霍奇金与赫胥黎进一步探明，动作电位缘于钠离子首先流入膜内造成膜电位倒转，钾离子继之流出膜外造成膜电位向静息状态恢复，从而形成了神经冲动的离子理论。霍奇金还与其他人一起通过实验演示：把枪乌贼轴突内的原生质挤出，只剩下细胞膜，再向膜内灌注适当的电解质溶液，则神经冲动可以恢复，从而证实神经冲动仅与神经纤维的膜有关。此成果使诺贝尔奖委员会把1963年度的生理学或医学奖授予霍奇金、赫胥黎和埃克尔斯。

霍奇金对膜通透性机制的研究很少，他们认为通透性变化的机制还有待于分子水平的进一步工作。20世纪70年代生物物理学家、生物化学及分子生物学家为推动离子生物学说的发展做出了重要贡献。霍奇金学派把离子学说建成为可以定量严格推导的理论，从此兴奋传导的神经生物学研究进入了新时期。离子通道有两个重要特征：通透性及门控性。20世纪60年代后期，伯蒂尔·希勒（Bertil Hille）和阿姆斯特朗（Clay M. Armstrong）分别测量了Na^+和K^+电流，研究了膜电压变动的门控问题，Na^+电压变化，已经打开他又如何关闭。根据霍奇金和赫胥黎关于电压感知器存在于跨膜区的推测，阿姆斯特朗测出了先于离子运动的微小门控电流。这一成就导致了与电压感知器相关的电荷数目的猜测。此外，他还发现了轻微的细胞内蛋白水解可以有选择地压抑Na^+通道失活而不影响电压依赖的激活，据此建立了失活和激活是两个分离的分子过程的概念。

离子学说的发展特别归功于20世纪后半叶蓬勃发展的生物化学、分子生物学研究的参与，沼、詹裕农、叶公杼是这方面的代表。"1984年至1988年间陆续报道了电压门控Na^+、K^+、Ca^{2+}通道成孔α亚单位的克隆，结果表明，这些通道基本上具有同样的总体结构，并且是同一基因超家族的产物。""沼（Numa）实验室最早报道了Na^+及Ca^{2+}通道的克隆，他们都是大于2000个氨基酸的大分子钛，有4个重复序列（域Ⅰ—域Ⅳ），每个域各具有6个假定的跨膜段基序（S_1–S_6）第一个克隆的电压—敏感通道是脑Na^+通道，它包括一个大的α亚单位和两个较小的亚单位。α亚单位分布广泛，形成孔的主要部分，并为跨膜Na^+流动所必需，另两个较小的亚单位是调节性亚单位，仅在某些细胞表达，他们的作用是参与通道的集聚及失活。一般认为离子通道是水性通道。"

沼的工作是从经典生化方法开始的，詹裕农和叶公杼的工作充分利用果蝇遗传学背景和技术。詹裕农和叶公杼夫妇两人来自台湾大学，1968年叶公杼大学毕业，詹裕农服完了一年兵役，他们相偕赴美国加州理工学院攻读物理硕士及生物物理博士。1979年夫妇同时被旧金山加州大学聘为助理教授，

1983年同时晋升为副教授，1984年同时被霍华德·休斯医学院（HHMI）聘为研究员，1985年同时晋升为教授。1996他们同时当选美国科学院院士。1995年妻子叶公杼被评为美国科学院院士，但是因为丈夫未获提名而婉言拒绝了这一殊荣，直到次年詹裕农也获提名，叶公杼才接受美国科学院院士的殊荣，和詹裕农一起成为美国科学院院士。詹裕农叶公杼夫妇俩主要的研究方向是钾离子通道和果蝇神经发育，1986年他们在世界上首次克隆出了一种钾离子通道Shaker基因，这一工作与2003年的诺贝尔化学奖主题吻合，许多科学家表示获奖名单中没有他们的名字真是遗憾。虽然未获得诺贝尔奖，但是詹裕农和叶公杼的工作得到了许多人的肯定。果蝇的摇晃型钾通道（ShBK$^+$通道）基因的克隆第一次把钾通道氨基酸顺序搞出来，而且促进了以后其他实验室寻找通道孔选择性滤过器和控制门的定位工作。

离子学说的发展需要更新的方法，1976年内尔和萨克曼

发明了膜片钳技术，记录了单个离子通道的电流，使神经生物学发生了革命性的改变，从此可以开展细胞膜上单通道研究，特别是当它与通道蛋白的分子生物学和结构生物学相结合时更显威力。厄温·内尔（Erwin Neher），德国生物物理学家，1944年3月20日出生在巴伐利亚的莱希河畔兰茨贝格。1963年至1966年间于慕尼黑工业大学学习物理学，1966年赴美国进修，一年后获威斯康星大学麦迪逊分校生物物理学硕士学位，1987年获得莱布尼茨奖。

伯特·萨克曼（Bert Sakmann），德国科学家，细胞生理学家。1942年6月12日出生于德国的斯图加特，从小在农村长大，喜欢制作马达、帆船模型和飞机模型。在小学的最后年代他知道了控制论以及它可能对于生物学的应用，开始着迷于控制论。上大学时决定不了到底是学物理还是生物，最后进入了图宾根大学医学院，读博士时决定做电生理学方面的课题，后来与德国细胞生理学家内尔一起，在马—普实验室合作发明了应用膜片钳技术，发现了细胞膜存在离子通道，从而共同获得1991年诺贝尔奖。

细胞是通过细胞膜与外界隔离的，在细胞膜上有很多通道，细胞就是通过这些通道与外界进行物质交换的。这些通道由单个分子或多个分子组成，允许一些离子通过。通道的调节影响到细胞的生命和功能。内尔和萨克曼发现当离子通过细胞膜上的离子通道的时候，会产生十分微弱的电流。他们利用与离子通道直径近似的钠离子或氯离子，最终确认了细胞膜上离子通道的存在。离子通道是一些具有特征性的机制，有的仅允许阳离子通过，有的仅允许阴离子通过，有一些离子通道上有感应器，他们甚至发现了这些感受器在通道分子中的定位。离子通道的发现，是现代分子生物学史上的一次革命，这个技术是一种广泛用于细胞生物学及神经科学研究的方法，可借以检验小至一万亿分之一安培的通过细胞膜的电流。至此离子通道变成了地道的蛋白质分子。

为了阐明蛋白质分子的功能和它的重要功能特征,弄清它的三维结构是关键一步,麦金农成功解析了KcsA钾离子通道的三维结构,开始了一个新方向的研究。罗德里克·麦金农（Roderick MacKinnon）1956年出生,在美国波士顿附近的小镇伯灵顿长大。1982年在塔夫茨医学院获医学博士,现为洛克菲勒大学分子神经生物学和生物物理学教授。2003年诺贝尔化学奖授予了美国科学家彼得·阿格雷和罗德里克·麦金农,分别表彰他们发现细胞膜水通道,以及对离子通道结构和机理研究做出的开创性贡献。

细胞膜上离子通道的功能,除了可以调节细胞内外的渗透压,也是维持细胞膜电位的重要分子,而神经细胞要进行讯号传导,更是靠离子的进出以造成膜电位的变化。虽然科学家对于细胞膜上离子通道已有相当程度的了解,对于离子通道所具有的特殊选择性,也能从蛋白质的结构大略得到解释,但是一直缺乏一套完整详细的分子作用机制。原因是要做出膜蛋白三维结构的高解析度影像,非常不容易。1998年,麦金农做出了链霉菌的离子通道蛋白质KcsA的高解析三维结构影像,并首度从原子层次去了解离子通道的作用方式。KcsA离子通道中有一种"滤嘴",能让钾离子（K^+）通过,却不允许同族元素中体积更小的钠离子（Na^+）通过,这令科学家百思不得其解。但是麦金农根据KcsA的立体结构,发现离子通道中"滤嘴"边上的四个氧原子的位置,恰好跟钾离子在水溶液中的情况一样,亦即滤嘴边上的氧与水分子的氧距离相同,所以钾离子能够安然通过通道，一如在水中一样；但钠离子尺寸较小，无法顺利接上滤嘴边上的四个氧原子，因此只能留在水溶液中，而无法轻易穿过通道。而离子通道的开关会受到细胞的控制，麦金农发现，离子通道的底部有个闸门，当离子通道接收到特定的讯号，离子通道蛋白质结构便会发生改变，因此造成闸门的开关。麦金农对于钾离子通道的结构与作用机制的研究，是生物化学、生物物理等领域的一大突破，也为神经疾病、肌肉与心脏疾病的新药物开发，指引了新的方向。

神经与效应器之间的突触传递通过化学物质完成，最先是在自主性神经——平滑肌之间得到证明的。虽然20世纪初已经有一些猜测，但确切地证明由化学物质介导，在乙酰胆碱方面，主要归功于英国的戴尔和奥地利的勒韦。亨利·哈利特·戴尔爵士（Sir Henry Hallett Dale, 1875—1968），生于伦敦，英国神经科学家、生理学家和药理学家。"1894年在剑桥读书，他是自然科学的一位天才，使他后来转向生理学并被引导到有挑战性的自主性神经系统中的是加斯克尔和蓝利。"1904年戴尔偶然发现一种名为麦角的真菌提取物能够扭转肾上腺素带来的不好影响（肾上腺素会增强心跳的力度和频率并且会使血压升高）。他还发现麦角包含了其他一些药理化合物，包括组胺（histamine）和乙酰胆碱（acetylcholine）。1909年他获得了他的硕士研究生学位。1914年，他成为坐落于伦敦的国家医学研究所（National Institute for Medical Research）生理化学和药理学部的主任。

奥托·勒韦（Otto Loewi, 1873—1961），奥地利—德国—美国药理学家。生于法兰克福，毕业于慕尼黑大学与斯特拉斯堡大学，后前往奥地利格拉茨大学从事研究。他与亨利·哈利特·戴尔一起因发现神经冲动的化学传递，而获得1936年的诺贝尔生理学或医学奖。为躲避纳粹在1940年他移民至美国，而后成为美国公民，并在纽约大学担任教职，1961年病逝于纽约市。

戴尔研究乙酰胆碱，他发现了一项关于神经脉冲的化学传递的重要机理。戴尔证明乙酰胆碱在动物中普遍存在，而且还有助于在两个神经元的交接处，即突触（synapse）传递神经脉冲。戴尔的贡献是在动物组织含量的分析方面发现了乙酰胆碱是动物组织中一个正常含有的物质，但他没有能够直接证明就是乙酰胆碱负责介导突触的传递。提供关键性证明的是勒韦，他用两个蛙心实验证明，迷走神经末梢分泌迷走物质作用于蛙心，而乙酰胆碱酯酶可以破坏这种作用。1936年，戴尔与勒韦被授予诺贝尔生理学或医学奖，分享了这个奖项。这两位学者是因为阐释了神经细胞主要通过化学传递来相互交流而获此殊荣。

"戴尔不但在确立自主神经系统的化学传递方面作出了重大贡献，在神经—骨骼肌的化学传递方面也很有成就，由于采用了费尔德贝格的水蛭肌肉生物鉴定方法，戴尔等得以测出微量的乙酰胆碱，这就帮戴尔获得了神经与肌肉、神经与神经间化学传递的证据。即使如此传递是不是化学的，仍有争论，这就是著名的'火花'与'汤'的争论。埃克尔斯属于'火花'一方，'汤'一方则以戴尔为首。随着库夫勒对终板电位的详细研究和卡茨的小终板电位的发现，埃克尔斯就不再坚持神经与肌肉传递的'火花'理论了。不久，埃克尔斯本人在脊椎运动神经元上记录到了IPSP，中枢神经系统的抑制作用本来是'火花'学说难以解释的，从此埃克尔斯承认化学传递学说的成立。往后埃克曼记录单离子通道电流，是小终板电位理论的进一步发展,这样化学传递学说更深入地向机制方面向前推进了。具有讽刺意义的是,就在小终板电位发现差不多同时,发现无脊椎动物有电突触的存在,'火花'在那里闪烁。"

"至于交感神经末梢的分泌,坎农的研究是从战斗或逃跑反应过程中动物的交感神经、肾上腺髓质的兴奋和被激动背景出发的,他的研究表明,交感神经所支配的器官附近有化学物质产生,他称之为交感素E、交感素I,但是他没有说出这就是肾上腺素或者是去甲肾上腺素,而对交感素E、交感素I给出了许多含糊不清的说明,因此他没有得到诺贝尔奖。"

沃尔特·布拉德福德·坎农（Walter Bradford Cannon, 1871—1945）,生于美国威斯康星州普雷里德欣,1892年,进

入哈佛大学；1896年，进入哈佛大学医学院；1900年，获医学博士学位，后任生物学讲师。1902年，任助理教授；1906年，成为G.希金森纪念讲座教授，并任系主任直到1942年退休。1944年，任纽约国际医学院的客座教授。1945年，卒于新罕布什尔州富兰克林。

坎农医学天赋极高，从入哈佛大学医学院不久，根据生理学教授H.P.鲍迪奇建议，他就利用发现不到一年的X射线观察胃肠运动，不久又设计出钡餐，研究了蛙和鹅的吞咽机制。除战时转而研究创伤性休克之外，他的研究一直集中在神经学领域。早期研究消化的机械因素时，他便注意到实验动物在情绪兴奋时胃肠运动常会受到抑制，这促使他去研究强烈情绪对机体的功能和疾病状态的作用，并开始注意交感神经系统。1911—1915年，他提出交感神经系统"应急"功能的概念，认为在疼痛、寒冷、情绪紧张、窒息或创伤等紧急状态下，肾上腺髓质分泌增加。1921年，几乎与勒韦证明迷走神经通过化学介质影响心脏活动同时，他发现刺激支配肝脏的神经可使去神经在体心脏的跳动加快，甚至摘除两侧肾上腺后此效应仍存在。

坎农首创了铋或钡餐与X射线在消化道上的造影法。此法很快传遍各国，成为诊断消化道肿瘤和溃疡最得力手段之一。此外还研究了消化过程中机械动力和胃酸浓度与幽门瓣开闭的关系，1911年发表《消化作用的机械因素》一书。此后进行了多年消化生理方面的研究，1929年写成《疼痛、饥饿、恐怖、暴怒时的身体变化》一书。

当然，坎农在内分泌腺特别是肾上腺方面的研究揭示了激素在应付紧急状态中的重要作用。1931年他发现有些神经末梢能释放一种类似肾上腺素的物质——交感素。证明肾上腺髓质和交感神经系统在维持身体内环境稳定中有重要作用。1932年他把这方面的研究总结为《身体的智慧》一书。1935年在北平协和医学院工作，为中美学术交流和促进中国生理学的发展做出了突出贡献。

"神经—骨骼肌和自主性神经的化学传递确定之后，交感神经末梢的递质是什么，始终没有确定。坎农提出的交感素E、交感素I的学说比较含糊不清，不容易为人接受。瑞典生物化学家奥伊勒证明，交感神经末梢分泌的是去甲肾上腺素，他还进一步确认，去甲肾上腺素存在于交感神经末梢曲张体的颗粒中。在以往的化学传递理论中，乙酰胆碱的分解被看成一个失活的模式，它被乙酰胆碱分解，作用即告终止。阿克塞尔罗德解决了肾上腺素、去甲肾上腺素这类单胺类递质的的失活方式，他的失活依靠两个酶，即单胺氧化酶（MAO）和儿茶酚胺-O-转氨酶（COMT），除了酶以外，还有一个失活机制，即神经末梢的重摄取。到此神经递质的失活机制就比较完备了。中枢神经系统中的递质是不是就是这几个，还有没有其他递质？当卡尔森提出多巴胺是一个中枢递质时，遭到多数神经药物学家的反对,包括化学递质的领袖人物戴尔,但卡尔森最终能够证明,脑内多巴胺不仅是肾上腺素的代谢产物,还是一个正常成分和递质,希拉普的荧光组化学资料进一步支持这一看法。从此,中枢递质的多样性在人们的头脑中扎根。"

阿尔维德·卡尔森(Arvid Carlsson)1923年出生于瑞典乌普萨拉,1941年,卡尔森也进入隆德大学学习医学。1951年,卡尔森获得了医学和哲学博士学位,并随后成为隆德大学的教授。1959年,他又到哥德堡大学任教授。他发现了多巴胺这种重要的神经递质。他的研究成果使人们认识到帕金森症和精神分裂症的起因是由于病人的脑部缺乏多巴胺，并据此可以研制出治疗这种疾病的有效药物。2000年荣获诺贝尔生理学或医学奖，他是自1982年以来首位获得诺贝尔奖的瑞典科学家。

卡尔森在50年代后期进行的一系列开创性的工作证明，多巴胺是大脑中的一种重要递质。而在此之前，科学家们普遍认为多巴胺只是另一种递质去甲肾上腺素的前体。卡尔森发明了一种高灵敏度的测定多巴胺的方法，发现多巴胺在大脑中的含量高于去甲肾上腺素，尤其集中于脑部基底核，而后者是控制运动机能的重要部位。他由此得出结论：多巴胺本身即是一种神经递质。这一发现说明，帕金森症和精神分裂症的起因，是由于病人的脑部缺乏多巴胺。卡尔森还做出了其他几项进一步的发现，这些发现使人们更清楚地意识到多巴胺在脑部起到的重要作用，以及精神分裂症可以通过药物进行有效的治疗。卡尔森在实验中用"利血平"来降低实验动物神经递质的浓度，受试动物丧失了自主运动能力，但当运用左旋多巴（多巴胺前体，能够在大脑中转变为多巴胺）治疗，动物的运动能力得到了恢复。另一方面，运用另一种神经递质5-羟色胺治疗并不能改善动物的运动能力，实验中还发现摄入左旋多巴的量决定了多巴胺的浓度。

卡尔森的发现为美国神经科学家格林加德、坎德尔的工作奠定了基础,他们和卡尔森共同分享了2000年的诺贝尔生理学或医学奖。

保罗·格林加德(Paul Greengard)1925年出生于美国纽约,1953年于美国约翰斯·霍普金斯大学获博士学位,现任美国洛克菲勒大学分子与细胞神经科学实验室主任及教授。他之所以获奖,是因为发现了多巴胺和其他的一些信号传递物质如何对神经系统发挥作用。早在50年代末,科学家们就发现突触前神经细胞释放神经递质(例如:谷氨酸),与突触后细胞膜上的受体结合,造成其离子通道打开,离子进出细胞,神经电信号就从突触前传到突触后细胞了。这叫快速突触传递。60年代末,发现多巴胺、去甲肾上腺素和5-羟色胺是中枢神经系统中的另一类神经递质,但它们的作用机制还不清楚。

格林加德发现多巴胺这一类神经递质与受体结合后不造成其离子通道打开,而是促使细胞产生第二信使来传递信息。这类突触传递信息较慢,但持续时间较长。它引起的神经细胞功能改变的持续时间从几秒钟到几小时不等。慢速突触传递对维持脑的基本功能(如:清醒状态、情绪、意识等)都很重要。它还能调控快速突触传递,从而使得运动、知觉和语言成为可能。

通过研究多巴胺释放的神经细胞,保罗·格林加德揭示了信号通过突触时分子的级联活动,突触是神经细胞间的联结。而埃里克·坎德尔的研究表明突触机能的变化对学习和记忆功能是至关重要的。埃里克·坎德尔(Eric Kandel),1929年11月7日出生于奥地利的维也纳,"二战"期间随家人移居美国,获美国国籍。1956年毕业于纽约大学,一生效力于精神病学和生理学研究领域并做出了杰出贡献。因为在研究中发现了如何改变突触的效能，以及其中涉及了哪些分子机制，2000年获得了诺贝尔生理学或医学奖。蛋白质磷酸化对记忆形成中分子机制的作用，在坎德尔获奖的理论中是极为重要的一环。埃里克·坎德尔开始研究哺乳动物的学习和记忆。但是，由于记忆的机制太复杂，很难研究大脑记忆过程的基本机制。因此，他决定研究更简单的实验模型，即海兔（Aplysia）的神经系统。此动物的神经系统由仅20,000个神经细胞组成，而且多数细胞体积相当大。海兔具有一种可以保护鳃的简单保护性反射，可以用来研究基本的学习机制。坎德尔发现，某种类型的刺激可引起海兔保护性反射加强。这种反射加强可以持续几天或几周，是一种学习的过程。后来他又发现，学习与连接感觉神经细胞和产生保护性反射肌群活化的神经细胞之间的突触加强有关。较弱的刺激形成短期记忆，一般持续数分钟到数小时。"短期记忆"的机制是由于离子通道受影响，使更多的钙离子进入神经末梢。由此，导致神经突触释放更多的神经递质，从而使反射加强。这些转变是由几个离子通道蛋白的磷酸化所致，这种机制已被保罗·格林加德阐明。强大和持续的刺激将导致能持续几周的长期记忆形成。强刺激可引起信使分子cAMP和蛋白激酶A水平增高，这些信号到达细胞核，引起突触蛋白质水平的变化。一些蛋白增加了，而另一些蛋白数量减少。结果是突触的体积变大，使得突触功能持续增强。与短期记忆不同的是，长期记忆需要生成新的蛋白质。如果新蛋白的合成受阻，长期记忆将会阻断，而短期记忆却无影响。坎德尔用海兔证明,短期记忆与长期记忆均发生在突触部位。卡尔森、格林加德和坎德尔的研究,解开了人类学习的过程中信号传递的秘密,对于彻底揭开人类学习之谜产生了巨大的促进作用。

人类对大脑的探索,经历了漫长的历史发展过程,从对灵魂的敬畏,到对分子、细胞的研究,人类学习的机制正在一步步探究,大脑的秘密也正在被人类逐步揭开。尽管我们对大脑还有许多未知之谜等待解开,但是已有的对大脑的研究成果,对我们了解"人是怎么学习的"产生了积极的推动和有力的促进。人类对大脑的探究没有停止,我们对学习的研究也在继续。

第二节　学习的主要器官：大脑

一、大脑的基本构造

随着人类对学习研究的不断深入，人们越来越关注学习的主要物质基础——大脑，神经生物学（脑科学）的发展，使人们能够逐渐全面、真实、精细地揭示人的大脑的奥妙。

大脑是人类学习的主要器官，它的功能既重要又神秘。人的思想、信仰、记忆、行为、情感都与大脑密不可分。大脑是思维的场所，控制机体的中枢，还具有协调人的感觉、视觉、听觉、嗅觉、运动功能的能力。正是由于有了大脑，人们才得以讲话、算数、阅读、作曲、欣赏音乐、识别几何图形、相互理解和彼此交流。大脑还具有制定计划和进行想象的能力。

大脑对来自身体表面或内部器官，以及眼、耳、鼻的各种刺激进行整合，然后通过调整体位、四肢运动以及脏器的活动对上述刺激作出反应，并参与情感和觉醒程度的调节。

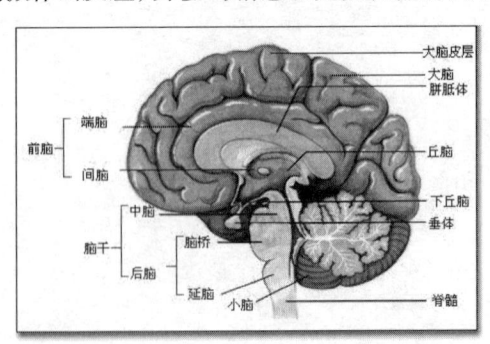

在解剖上，脑可以分成大脑、小脑和脑干。大脑分为两个半球，由称为胼胝体的神经纤维连接起来。

大脑可进一步分成额叶、顶叶、枕叶、颞叶等。

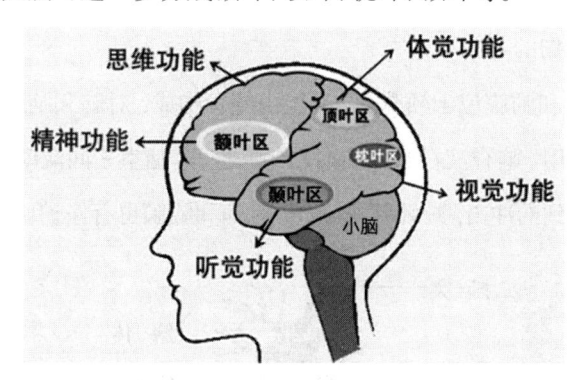

额叶主管人们的言语、情感、思想、计划，并控制机体的技巧性运动。大多数人的言语中枢位于左侧优势半球的额叶。顶叶主管感觉，也与躯体运动有关。枕叶主管视觉。颞叶主管记忆、情感，它使得人们得以辨认他人或物品，进行交流和行动。

基底节位于大脑底部，是数群聚集在一起的神经元，能够协调躯体的运动。丘脑下部与人体睡眠、觉醒、体温调节和水盐平衡有关。

脑干的自动调节功能亦非常重要。脑干有助于调节机体的姿势、呼吸、吞咽、心跳，控制代谢速率，增加警觉性。脑干遭受严重损伤时，自动调节功能停止，死亡也就随之而至了。

小脑位于大脑之下，脑干之上，主要调节机体运动。小脑接受大脑的指令以及有关四肢位置、肌肉紧张度的信息，使机体能进行平稳、准确的运动。

脑和脊髓都被三层组织所包裹，它们是：软脑膜：紧贴脑和脊髓，居最内层；蛛网膜：为一透明、蜘蛛网样的脉络膜，位于中层，充当脑脊液流通的管道；硬脑膜：呈皮革样，是最外和最坚韧的一层。

脑和脑膜位于颅腔内。颅腔由颅骨构成，对脑和脑膜具有保护作用。脑脊液在脑的表面、脑膜之间、脑室之间流动，能缓冲脑受到的冲击，减轻脑的损伤，对脑和脑膜也有保护作用。

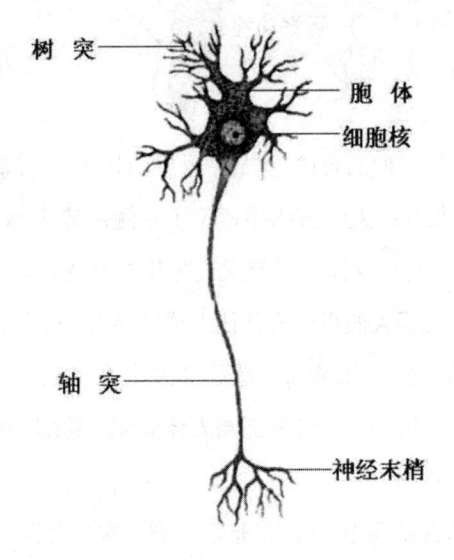

大脑的两个半球由神经纤维构成的胼胝体相连。被覆在大脑半球表面的灰质叫大脑皮层。其中含有许多锥体形神经细胞和其他各型的神经细胞及神经纤维。皮质的深面是髓质，髓质内含有神经纤维束与核团。在髓质中，大脑内的室腔是侧脑室，内含透明的脑脊液。埋在髓质中的灰质核团是基底神经节。大脑半球的表面有许多深浅不同的沟裂，其中主要的有中央沟、大脑外侧裂、顶枕裂。人的大脑可以区分为三个部分：脑核（Central Core）、脑缘系统（Limbic System）、大脑皮质（Cerebral Cortex）。脑核——大脑基底核，它与大脑皮层、丘脑和脑干相连，其主要功能为自主运动的控制，同时还参与记忆、情感和学习等高级认知功能。脑核部分是掌管人类日常基本生活的处理，包括呼吸、心跳、觉醒、运动、睡眠、平衡、早期感觉系统等。而脑缘系统是负责行动、情绪、记忆处理等功能，另外，它还负责体温、血压、血糖以及其他居家活动等。大脑皮质则负责人脑较高级的认知和情绪功能，它区分为两个主要大块——左大脑和右大脑，各大块均包含四个部分——额叶脑（Frontal Lobe）、顶叶脑（Parietal Lobe）、枕叶脑（Occipital Lobe）、颞叶脑（Temporal Lobe）。构成大脑皮质的四个脑叶，主要组成细胞是脑神经元（Neurons）。人的大脑半球高度发展，成人的大脑皮质表面积约为1/4平方米，约含有140亿个神经元胞体，它们之间有广泛复杂的联系，是高级神经活动的中枢。大脑皮层通过髓质的内囊与下级中枢相联系。脑的外部包有结缔组织的被膜、脑脊液充满于脑的腔、室、管内，有保护和营养作用。

婴儿在母亲体内成长期间，脑神经元会不断增加，平均每分钟增加250,000个脑神经元，到了出生时，可达近100亿个脑神经元；重量也由100克，成长到1,100克，成长速度相当惊人。在此生长过程中，适当的听觉、体觉、视觉的刺激，将有助于脑部胶原神经细胞（Glial Cell）的发展，这也就是所谓的0—3岁的学前教育，因为它是人类脑部发展最重要的阶段，在这个阶段，脑部正在作整个脑神经网络的建构工程（基础工程），基础若完备，后续的学习将会事半功倍。

大脑表面覆盖的一层大脑皮质，其表面凹凸不平，有许多弯弯曲曲的沟裂，称为脑沟（凹陷），其间凸出的部分称为脑回（凸起）。这些脑沟、脑回就像一块皱拢起来的绸布，一旦展平，它的面积像半张普通报纸大小，约2,250平方厘米。

二、大脑的功能

大脑分成左、右大脑半球，左脑与右脑形状相同，功能却大不一样。左脑具有逻辑思维和语言功能，右脑具有形象思维能力。脑科学家发现，情绪是人脑的高级功能，杏仁核是产生情绪，识别情绪和调节情绪，控制学习和记忆的脑部组织。

大脑分成左、右大脑半球，左脑与右脑形状相同，功能却大不一样。左脑具有语言功能，擅长逻辑推理，主要储存人出生以后所获取的信息。美国神经生物学家通过长达10年时间的研究，得出的结论为：一个人的好心情藏在他大脑的左半球里。我们日常生活用的最多的就是左脑，因此又将其称为"现代脑"。右脑具有形象思维能力，其信息来源渠道：一是人出生后凭直观感受直接摄取的；二是经过左脑反复强化的信息转存的；三是祖先所经历的人和事经过浓缩后遗传下来的。因此我们又将右脑称为"祖先脑"。只有在左脑的兴奋镇静下来后，右脑才有"表现"的机会。但右脑存贮的信息包含了500万年来祖先所经历的人和事，其潜能相当于左脑的十万倍。把我们的大脑比喻为沉睡的巨人毫不为过。开发智能首要的任务是发掘右脑的潜能。

管理情绪的精灵在哪里？科学研究表明，在脑中有多个部位参与了情绪的产生过程，对情绪有着不同的影响。脑科学家发现，情绪是人脑的高级功能，以大脑边缘系统的一部分——杏仁核为核心的广泛连接的神经环路在情绪调节中起着重要作用，又被称为"情绪脑"，是产生情绪，识别情绪和调节情绪，控制学习和记忆的脑部组织。诺贝尔生理学或医学奖学者赫斯（见本书第二章第一节）采用电极刺激猫的下丘脑的某一区域时，意外地发现猫表现出典型的假怒反应：躬腰、咆哮、嘶叫、张牙舞爪，然而并无具体的目标对象。那么，情绪与下丘脑有什么关系呢？另一位研究者耶鲁大学的宙斯·德尔加多（Jose Delgado）颇具戏剧色彩的现场表演似乎在一定程度上回答了这个问题。他将一个电极插在一头特别易怒、好斗的公牛的下丘脑中，当被激怒的公牛拼命向他猛冲过来时，他从容不迫地接通电极，公牛立刻变得出乎意料的驯服，并停止了冲撞。这些研究引起了生理学家、心理学家的极大关注并产生了浓厚兴趣。人们开始思考，情绪的精灵在下丘脑吗？

1954年，美国加州理工学院年轻的生物学家欧兹及米勒在老鼠丘脑下部的不同区域进行了一系列实验。他们在老鼠的下丘脑背部埋上电极,另一端与电源开关的杠杆相连,老鼠只要压杠杆,电源即刻接通,在埋电极的脑部就会受到一个微弱的电刺激。实验结果是如此的令人难以置信!老鼠不仅很快学会了通过按压杠杆获得电流对下丘脑的刺激,而且老鼠按压杠杆的频率每小时可达到8,000多次,并能持续15—20小时,直至精疲力尽、过度疲劳而倒下。然而,当它醒来后又立即以高频率投入"工作"。老鼠为什么这么疯狂地压杠杆?这种行为能引起老鼠的快乐和满足吗?带着这样的疑问,研究者在下丘脑以外的其他脑部埋上电极,老鼠并没有表现出上述情形。20世纪60年代,美国医生扎克布森和汤尔可逊大胆地进行了尝试,用电极刺激病人下丘脑的有关部位。人们惊讶地看到被刺激病人面带微笑,表示感觉良好。剖析"情绪脑"边缘系统是大脑皮层的周边部位及皮层覆盖的一系列互相连接的神经核团。边缘系统的4个结构:杏仁核、海马、扣带回和隔区,在人的情绪行为中起作用。

哈佛大学的威·斯维特(W. Sweet)和维纳·马斯克(V. Mask)基于神经学检查癫痫发作史,诊断有些凶暴行为病人的脑病变似乎常常在边缘系统的杏仁核。因此他们认为:愤怒、凶暴的情绪与杏仁核有关。不过,损毁患者的杏仁核后,患者在手术2—4年中非但没有表现出愤怒情绪,而且变得淡漠、麻木不仁。动物实验也证实了这一点,例如罗猴的猴王在杏仁核受损后,很快就失去其特权地位,它对下属猴的反叛与不恭无动于衷，不再使用原有的权威手段。最有趣的是，损伤杏仁核的狗和猫竟然能和平共处，不发生攻击与逃避的行为。不过，也有实验发现，杏仁核的不同部位在情绪反应中的作用不同。损毁狗的杏仁核背内侧部位时，狗表现出恐惧；而损毁其杏仁核外侧部位时，狗变得愉快。

有资料显示，海马在情绪行为中的作用十分复杂。当海马杏仁核受到损伤，动物的愤怒、焦虑情绪剧减。遗憾的是，它们欢快、愉悦的情绪也消失了，无忧无虑也无所畏惧，似乎完全忘记了过去的情绪体验。

脑中有一个部位称为隔区，它目前被认为是抑制情绪行为的结构。损毁隔区意味着解除其抑制作用。脑内隔区遭到破坏的动物表现出极其夸张的情绪状态，变得异常的凶野难驯。

扣带回是与情绪密切相关的另一个脑内部位。但扣带回与情绪的关系非常复杂，不同的研究得出的结果很不一致。有的研究报告，损伤扣带回的猴子丧失了明显的情绪反应，对待人或其他动物就像是对待无生命的物质一样。它们会公然去吃同伴拿着的食物，但当对方与它争夺时，它除了表示惊奇外再无任何反应。不过，另一些研究表明：扣带回切除的后果是导致动物愤怒与恐惧情绪的增加。可见，扣带回在情绪中的作用仍有待于进一步深入的研究。

为了探明大脑皮层与情绪行为的具体作用机制，科学家进行了动物实验，发现切除双侧额叶的猩猩不再有任何失望愤怒的情绪，表现得非常安静。该实验给精神病的临床治疗以很大的启发。葡萄牙一位勇敢的脑外科医生首次切断病人额叶与丘脑之间的联系，发现切除额叶的病人焦虑、恐惧、过度兴奋的症状都得到缓解。不过，同时伴随的副效应也相当可怕：病人不但没有情绪反应，而且智力也下降。因此这种手术方法流行了一阵后不再流行了。

大脑额叶在情绪中的作用亦不容忽视。巴德与毛特卡斯的研究表明：切除颞叶新皮质的动物，丧失了恐惧与愤怒的情绪反应。猴子天生怕蛇，但颞叶切除后的猴子胆敢去碰正在嘶嘶叫的毒蛇。

情绪情感与主管智力发育的大脑皮质有密切联系，这种联系在1岁左右迅速形成，以后不断的情绪体验会使这种联系通道定型，进而形成稳定的情绪反应习惯，0—6岁是"情绪脑"发育的关键期。

"情绪脑"控制着人的喜怒哀乐，对人的学习、记忆、决策以及生存和适应有着重要的影响。然而，"情绪脑"比较脆弱，压力大、慢性病、不良睡眠、噪音污染等因素，都会使之受到不同程度的不良影响；所以从小呵护孩子的情绪、培养孩子良好的情绪管理习惯非常重要。

哈佛大学心理学家戈尔曼说，孩子的未来20%取决于智商，80%取决于情商。良好的智力发展需要健康的情感来保驾护航，一个自信乐观的孩子会以持续阳光的心态沉浸在学习与生活中，这必然促进孩子的智力发育；即使智力很高的孩子，也会不断遇到各种各样的疑惑和困难，这时他需要健康的情绪情感来调节自己，否则孩子心情郁闷、思维凝滞，他的快乐与发展将同时受阻。再者，孩子在健康成长中遇到的很多问题，例如任性、攻击、自私、冷漠、孤僻等，都与情绪情感发育不良有很大关系，所以家长要像重视孩子的智力发育一样，重视孩子的情感教育。

三、信息特使——神经元

神经元的基本功能是通过接受、整合、传导和输出信息，实现信息交换。脑是由神经元构成的，神经元群通过各个神经元的信息交换，实现脑的分析功能。神经元互相连接成神经网络。大脑皮质与人脑的其他部分以及皮质间的联系，是通过神经纤维连接实现的。

细胞是生物体基本的结构和功能单位，组成人脑主要功能的细胞是神经细胞，又称神经元。神经细胞的数量大致在140亿个左右，其中的135亿个为大脑新皮质所占有，比例是96%。它在大脑新皮质各主要功能区域中的具体分布为：额叶联合区为35亿个，颞叶联合区为25亿个，顶叶联合区为25亿个，一级视觉区为8亿个，一级听觉区为0.5亿个，一级躯体感觉区8亿个，一级运动区为8亿个，还有25个亿则在其他区域内。

树突
细胞体
轴突
髓鞘

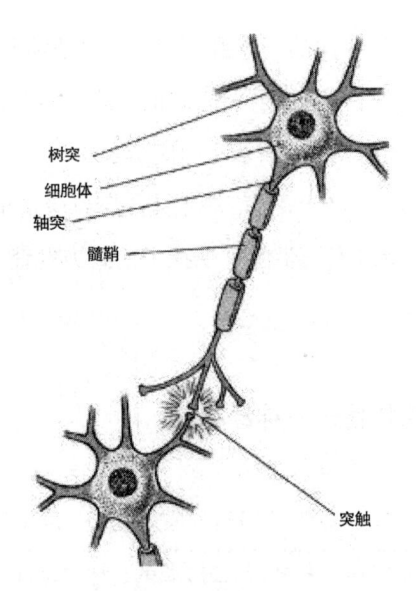

突触

神经元是大脑处理信息的基本单元,以细胞体为主体,由许多向周围延伸的不规则树枝状纤维构成的神经细胞,其形状很像一棵枯树的枝干。它主要由细胞体、树突、轴突和突触(Synapse,又称神经键)组成。

从神经元各组成部分的功能来看,信息的处理与传递主要发生在突触附近。当神经元细胞体通过轴突传到突触前膜的脉冲幅度达到一定强度,即超过其阈值电位后,突触前膜将向突触间隙释放神经传递的化学物质。

神经元是一种高度特化的细胞体,它包括一个特殊的细胞外形,一个能产生神经冲动的外膜和一个能把信息从一个神经元传递给下一个神经元的独特结构——突触。由细胞体发出一条较大的纤维称为轴突,还发出一些纤维分支称为树突。一般说来树突和细胞体接受输入信号；细胞体联络和整合输入的信号并发出传出信号，还负责细胞的总的保养；轴突则传输细胞体发生的传出信号到轴突末梢，再把信息分发给一组新的神经元。树突的长度从1μm—1mm不等，轴突的长度为1μm—1m不等。由这些神经细胞突起连接起来的神经过程通道的总长度可达4,500km，由此组成的神经网络比全世界整个的电话网络还要复杂。

神经元的基本功能是通过接受、整合、传导和输出信息，实现信息交换。脑是由神经元构成的，神经元群通过各个神经元的信息交换，实现脑的分析功能，进而实现样本的交换产出。产出的样本通过联结路径点亮丘脑产生意识。信息的接受和传导在眼的视网膜上有感光细胞能接受光的刺激，在鼻黏膜上有嗅觉细胞能接受气味的变化，在味蕾中有能接受化学物质刺激的味觉细胞等，这些细胞都属于神经细胞。我们周围的各种信息就是通过这些神经元获取并传递的。神经元的功能分区，无论是运动神经元，还是感觉神经元或中间神经元都可分为：(1)输入(感受)区就一个运动神经元来讲，胞体或树突膜上的受体是接受传入信息的输入区，该区可以产生突触后电位(局部电位)。(2)整合(触发冲动)区始段属于整合区或触发冲动区，众多的突触后电位在此发生总和，并且当达到阈电位时在此首先产生动作电位。(3)冲动传导区轴突属于传导冲动区，动作电位以不衰减的方式传向所支配的靶器官。

(4)输出（分泌）区轴突末梢的突触小体则是信息输出区，神经递质在此通过胞吐方式加以释放。

神经系统中还有数量众多（几十倍于神经元）的神经胶质细胞（neuroglia），如中枢神经系统中的星形胶质细胞、少突胶质细胞、小胶质细胞以及周围神经系统中的施万细胞等。由于缺少Na^+通道，各种神经胶质细胞均不能产生动作电位。

信息是通过一个特殊化的接点——突触得到传递的。一个突触包含两部分：一个轴突终端的球状末端和另一个神经元表面上的受体区。突触前膜和后膜被约20—50纳米（毫微米）宽的突触间隙隔开。轴突终端含有无数的小泡，每个小泡拥有几千个分子的化学递质，当神经冲动到达终端时，一些突触小泡马上把它们的内含物释放到突触间隙中，然后激活接收神经元。通常一个神经元接受从另外几百个或几千个神经元传来的信息，又把信息输给另外几百个或几千个神经元。突触联系的方式，有体与体、轴与轴、神经末梢与胞体等。突触传递的机制、有突触后兴奋、突触后抑制，突触前抑制、突触前兴奋。

神经元互相连接成神经网络。大脑皮质与人脑的其他部分以及皮质间的联系是通过神经纤维连接实现的。人体的全部传导系统可分为投射系统、联合系统等。

人类对于神经元—神经科学的这些探究：了解神经系统

内分子水平、细胞水平、细胞间的变化过程，以及这些过程在中枢功能控制系统内的整合作用，形成了脑科学基础，最终目的是在于阐明人类大脑的结构与功能，以及人类行为与心理活动的物质基础，包括阐明学习过程人脑的机制，以更好地使用脑，开发脑，提高人类情智的水平，增进人的创造力，从而推动人类和社会的发展。

第三节　神经生物学的发展对学习科学产生的意义

一、神经生物学奠定了学习科学的基础

神经生物学奠定了学习科学的基础，学习科学的综合性决定了学习科学以人为中心的基点。人的社会属性和大脑的复杂性，使学习科学不得不从人类学、社会学、教育学、计算机学、设计学等学科中吸取营养，以满足人的发展需求。学习科学的综合性是由人的大脑的复杂性决定的。

随着神经生物学的迅速发展以及人类研究大脑方法和技术的进步，人们日益重视脑与学习之间的关系。早在20世纪50年代中期，人们就开始研究认知科学，产生了一门从信息加工的角度研究大脑的新兴学科——认知心理学。认知心理学研究知觉、学习、记忆、推理、语言理解、知识获得、注意、情感等统称为意识的高级心理活动。认知心理学把大脑当作一个信息加工系统，把心理活动看作一系列信息的获得、存储、加工和使用过程，侧重研究大脑内部信息加工的规律。认知心理学的发展对于研究认知功能的神经基础具有十分重要的意义。

20世纪70年代末，以研究智力的神经生物学为基础、研究大脑与认知关系为主要目的的认知神经科学开始发展起

来。认知神经学依靠脑成像技术,通过建立合适的行为实验范式,测量被试的行为反应,研究脑功能的认知机制,建立相关的理论模型,确定不同区域的功能定位,以及相关区域与智力的关系。早在19世纪初期人类探讨大脑特定区域与智力关系的努力就开始了,以加尔(Gall F.J.)和施普兹海姆(Spurzheim J.G.)为代表的德国颅相学家从那时起就试图说明人类某种心理活动是由特定的脑区域参与完成的。但是颅相学家确认特定脑功能时主要依据日常生活中对心理活动的一种直觉的理解,缺乏科学的分析和实验验证,他们对各种心理活动的功能定位仅仅是一种猜测,缺乏充分的科学根据。1861年法国医生布罗卡和1876年德国医生韦尼克的两份关于大脑损伤病人的病历报告,说明表达和言语理解可能由大脑不同的区域控制,由此人们确定大脑特定区域的正常工作对于完成特定的心理功能是必要的。神经生物学家的工作对认知神经科学的发展起到了积极的推动作用,人们逐渐认识到了人的大脑在认知过程中的不同区域的特定功能,从而为学习科学的产生奠定了基础。

19世纪至20世纪期间,学校教育蓬勃发展。"然而,科学家对人类是如何学习的却知之甚少。"传统的学校教育,往往是围绕常识性假设来设计的,如,"学校教育的目的是将陈述性知识和程序性知识传授给学生。当人们拥有了大量的陈述性知识和程序性知识时,就被认为是受了教育。""教师是大量陈述性知识和程序性知识的持有者,他们的工作就是将这些知识传授给学生。""检验学校教育成功与否的方法是测试学生获得了多少陈述性知识和程序性知识。"这些关于学校教育的传统观点是产生于20世纪初期的"教授主义","教授主义"培养学生适应工业化社会经济发展的需求。在知识经济迅猛发展,社会竞争日趋激烈的今天,"教授主义"培养的学生已经不能适应社会经济的发展了。因为"在知识经济时代,仅靠记忆陈述性知识和程序性知识是不够的。学习者必须具有对复杂概念更深层次的理解,以及利用复杂概念创造新概念、新理论、新产品、新知识的能力。他们还必须对阅读的材料作出批判性评价,并能以口头和书面的形式清晰地表达自己的理解,还要理解科学思维和数学思维。他们更需要学习的是整合的、可用的知识,而不是教授主义所强调的割裂的、脱离情景的事实。此外,他们还要肩负终身学习的责任。"面对知识经济的到来,在认知心理学、认知神经学这些脑科学的发展基础上,学习科学开始萌芽。

经过20年的研究,科学家在20世纪70年代初期对学习科学的有关问题达成了共识,于是以1991年第一次学习科学的国际会议的成功举行和《学习科学期刊》(*Journal of the Learning Sciences*)的创刊为标志,学习科学正式诞生。学习科学是以神经生物学(脑科学)、心理学的研究成果为基础,融合了教育学、信息学、人类学、社会学、设计学、计算机学等多家学科,形成的以研究"教"和"学"为重点的新型的、跨学科的交叉领域。综合性是学习科学的第一特点。学习科学在吸取各个学科精华的时候,一个明确而坚定的指向始终十分清晰,这就是以"人"为中心,研究"人"的学习机能。学习科学的综合性是由人的社会性所决定的,学习科学的综合性聚焦的恰恰是"学习:是'人'的学习"这个重要基点,人是学习的主体,大脑是人学习的主要器官。因此,只有在神经生物学高度发展、人类对大脑有了比较清晰全面的认识的时候,学习科学才能诞生。

人类对大脑的认识经历了漫长的历史发展过程,从对灵魂的敬畏,到对大脑的解剖;从加尔颅相学对大脑功能的猜测,到潘菲尔德的大脑功能区域图的确定;从迦伐尼生物电的发现,到卡尔森、格林加德、坎德尔神经细胞的信息传递;每一次偶然的发现和微小的进步,都为人类了解自我奠定了深厚而扎实的学术基础。虽然早在几千年前人类就开始关注学习、研究学习,但是只有在科学技术突飞猛进、神经生物学迅速发展的今天,人们才能对学习有一个基本而清晰的了解,对学习的生理机能有一个神经生物学的合理解释。可以说是人类对脑的认识的深入,才揭开了困扰人类几千年的"学习"之谜。学习科学的综合性奠定了学习科学以人为中心的基点,是人的社会属性和大脑对人生活的复杂需求,才使学习科学不得不从人类学、社会学、教育学、计算机学、设计学等等学科中吸取营养,以满足人的学习需求。学习科学的综合性是由大脑的复杂性所决定的,各个学科的综合运用,满足了大脑不同区域、不同功能的需求,从不同层面适应了大脑发展、满足了人的需要,这才使人能在主动参与的情况下产生"学习"

这一客观行为。科学家们发现:"大脑的发展过程实际上是通过从外部进入视觉的信息组织起来的,这比单独应用内部分子机制更加精确。这种外部的信息对后期发展起到举足轻重的作用。一个人与外界接触越多,对组合到大脑的机构中去的外部信息需求就越大。""在社会群体中相互接触以及与环境保持直接的物质接触是非常重要的。""大脑皮质总体结构因接触学习机会和在社会情境中学习而改变。"可见,学习不仅离不开大脑,而且还在改变着大脑。神经生物学奠定了学习科学产生的基础,而学习又促进了人的大脑的发展,推动了人类进步。

二、神经生物学的性质决定了学习科学的人文性

学习科学的人文性是建立在坚实的神经生物学基础之上的,不但具有深厚的科学底蕴,而且闪烁着民主的光辉!平等是教育的起点,也是学习的必要条件;尊重个性是教育的基本要求,也是课堂教学民主化趋势的必然反映;创造良好的学习氛围是提高学生学习效率的保证手段。

学习科学既然以"人"为基点,研究人的学习,那就不可不探讨孕育其身的、具有鲜明特征的人文性。学习科学是建立在神经生物学基础上的,神经生物学的性质决定了学习科学的人文属性。"神经生物学是研究人和动物的神经系统的

科学,它从分子、细胞水平到神经网络乃至整体系统水平上研究神经系统,特别是脑的结构与功能及其相互关系,研究神经系统的生长和发育,其最终目的是阐明行为和心理活动的神经机制;同时为阐明物质运动如何产生精神活动这一重大哲学问题提供科学依据。"学习科学的人文属性是以坚实的神经生物学为基础的,它具有深厚的科学底蕴,同时闪烁着灿烂的民主主义光辉!科学的学习理论反映了人的学习本质规律,能够指导或促进人的学习活动,不正确的学习理论将影响或阻碍人的学习活动。神经生物学理论告诉我们:"人脑是宇宙中已知的最复杂的结构","所有的人都是天生的学习者。他们有着结构复杂、功能奇妙的大脑。"在本章第二节中我们介绍了每个人大约具有140亿个神经细胞,这些神经细胞负责传递信息,形成神经网络,构成人们的思维。从生理上讲,每个人都具有学习的基础,在学习上每个人都是平等的,因为每个人都具有学好知识、掌握本领的物理条件。因此相信每一个学习者,尊重每一个学生是从事教育、开展学习活动的首要条件。《论语》"侍坐章"中孔子与子路、曾皙、冉有、公西华讨论理政,孔子说:"我年龄比你们大一些,不要因为我年长而不敢说话。"孔子对待学生持有的是一个平等的态度,在两千多年前年龄大固然是优势,但是每个人都有每个人的视角,每个人都有每个人的经历,年轻人特有的经验也会给人以启迪和帮助,孔子不是也长叹一声说,"我赞成曾皙的想法"吗?平等是教育的起点,平等也是学习的必要条件,神经生物学为我们奠定了每个人在学习上"生而平等"的理论根基。

　　每个人都是天生的学习者,每个人又都是思维独特、经历迥异的探究者。神经生物学也告诉我们:每个人的大脑都是独特的,每个人不同的社会生活经历汇聚到大脑中,形成各不相同的经验,这些经验在人们的学习过程中,发挥着重要作用。这要求我们在学习过程中,要尊重每一个人,尊重他们特有的思维,哪怕这些思维具有这样或那样的错误。每个人都要以平等、包容的心态对待每一种认识和想法,用探讨、交流和沟通来解决学习中的各种问题。这样人们对事物的认识才能越来越全面,对知识的理解才能越来越深刻。对个体的尊重不但是学习科学人文性的集中体现,也是课堂教学民主化的必然要求。陶行知先生说过:"培养教育人和种花木一样,首先要认识花木的特点,区别不同情况给以施肥、浇水和培养教育,这叫'因材施教'。""人像树木一样,要使他们尽量长上去,不能勉强都长得一样高,应当是:立脚点上求平等,于出头处谋自由。"陶先生的话抓住了教育的根本,反映了教育的实质,充分体现了对学习者个体的尊重,也正确处理了平等和个性的关系。陶先生一生追求民主,尤其倡导教育民主,他认为"教育是国家万年根本大计","在教师手里操着幼年人的命运,便操着民族和人类的命运。"作为一名教育工作者,承担着如此重任,难道不应该把学习科学的人文特性在课堂、学校,乃至在学生生活的各个角落、各个层面发扬光大吗?

　　创造良好的学习氛围是提高学生学习效率的重要手段。

如何创造良好的学习氛围？神经生物学告诉我们：情绪在人的学习过程中发挥着重要作用，良好的情绪保障是高效学习的充要条件。人在心情愉悦时，会更加专注于学习，会用更大的力量投入于学习。1954年美国加州理工学院的欧兹和米勒做的小老鼠实验，说明老鼠在兴奋时能够忘我地"工作"；2000年坎德尔获得诺贝尔奖的原因，也是人在兴奋时能够产生更多的利于信息传递的神经递质。科学研究的结论使我们知道，高效学习必须使学生保持良好的情绪，而良好的学习情绪的创造有赖于人文精神的指导和民主思想的发扬。学习科学要"重新设计课堂和其他学习环境"，是因为传统的以教育学为基点的课堂，没有给学生创造和谐、友善、轻松、快乐、高效的课堂教学氛围。没有让学生在课堂上感受友善与和谐，因而也不可能使学生感到轻松和快乐，高效自然无从谈起。以学习科学为指导的友善用脑课堂，是以对每个学生的尊重为前提，以脑科学和心理学的研究成果为依据，采用多感官教学、思维导图、音乐、冥想、健脑操等方法调节学生的学习状态，在课堂上形成团队学习的自主学习氛围，使学生能够轻松快乐地完成知识的迁移与新知识的生成。

　　学习科学的人文性不但具有深厚的科学发展基础，也是保证学术健康发展、不断创新的必要手段，更是培养优秀人才的重要途径。在课堂教学和学生学习中发挥学习科学人文性的优势，创造友善和谐的学习氛围，让每一个学习者都能轻松愉快地学习，使他们在学习中都能具有良好的学习物理条件，即使我们对科学的尊重,也是我们对民主精神的弘扬。

三、学习科学的交互性取决于大脑的生理机能

学习科学的交互性,是由人的大脑的生理机制决定的。学习科学没有把自己的研究领域限制在狭小的学校的"正式学习"之中,而是把自己的视角放宽到"家庭、工作岗位、生活情境"之中,这不仅增加了学习的宽度,而且延伸了学习的长度,形成了终身学习。

神经生物学的发展揭示了人类学习之谜,学习促进了人类的大脑发展,在本章第二节中阐述了人在学习过程中,神经元通过突触传递信息的神经分子学原理,无数证据表明:"在神经系统中与学习经验相连的活动促使神经细胞创造出新的突触。与突触产出过剩和消失的过程不同,突触增添和修改是终身的过程,由经验所驱动。本质上,一个人接触信息的质量和习得信息的数量反映其大脑的终身结构。这一过程大概不是大脑存储信息的唯一方式,但是却为人们了解人是如何学习的提供了一个非常重要的方法。"与学习相关的经验能够创造出新的突触,而经验则是在生活过程中由人们的体验产生的、在大脑与环境的互动中形成的。"学习科学研究在各种情境下的学习,包括学校课堂里的正式学习和发生在家庭、工作岗位、生活情境之中的非正式学

习。学习科学研究的目的是更好地理解和掌握人类在认知过程和社会化过程中学习的规律和技巧,以达到最有效学习的目的,同时用学习科学的方法重新设计课堂和其他学习环境。"学习科学没有把自己的研究领域限制在狭小的学校的"正式学习"之中,而是把自己的视角放宽到"家庭、工作岗位、生活情境"之中,这不仅增加了学习的宽度,而且延伸了学习的长度,把传统的阶段式学习,延长到人的整个一生,形成了终身学习。所谓"非正式学习"包括聊天、观赏、运动、游戏,以及一切有益于人们体验和思考的活动。学习科学强调学习的交互性,是因为在人与人、人与环境、人与社会的互动中,人的体验才会发生,人的经验才能升华,人们的知识才能迁移,人大脑中的神经细胞才能产生利于信息传递的神经突触。所以,学习科学的另一个重要特点——交互性,是由人的大脑的生理机制决定的。

学习是在社会环境中发生的,因为学习的本来目的就是为了使人类更好地适应环境、更好地生存。陶行知先生说:"事怎样做便怎样学,怎样学便怎样教。教而不做,不能算是教;学而不做,不能算是学。教与学都以做为中心。"陶行知先生的这段话十分清楚地说明了学习的根本目的,教与学都是为了生活,因此教与学都要以生活为老师,要边教学边实践。生活是丰富多彩的,生活是变化万千的,因此学习不能是固定的、僵死的、在封闭环境中的机械记忆和背诵,学习必须与社会互动、与环境互动、与同伴互动,甚至与自己的思维互动,在互动中产生新的体验,形成必要的经验,这是学习的必然过程。在这个过程中,人们由被动地接受,变成主动地探究,人们依据经验生成新的认识与理解,大脑中的神经细胞也在产生着新的突触,形成新的神经通路,进而形成新的看法和产生新的知识。而简单重复、机械练习,只能强化固定的答案和接受现成的结论,神经生物学实验证明:"学习能增加突触而练习则不能",这里所说的"学习",正是具有极其鲜明的交互性、以主动参与为特征的大脑思考和升华,而靠简单机械的背诵或默写进行的"练习"则不能促进大脑的发展,原因在于与主动学习相比它缺少了互动性与主动性。缺少互动就不能产生思维的碰撞,也不能形成新的神经通路、生成新的思考,自然也不能增强学生的学习能力和创造能力。之所以很多中国学生考试能够得到很高的分数,但是在实际工作中却成绩平平,有的到了国外不适应开放的环境,没有老师圈定的范围,学生甚至不能确定自己的学习选题,更何谈发明创造了。造成这种现象的原因就是在传统的教育体制中已经形成了固有的大脑机制,即便是环境变了也很难跳出窠臼,在自由的学术氛围中形成新的发现、产生新的发明,为社会创造新的价值。1941年毛泽东写了一篇文章《改造我们的学习》,在这篇文章中他提出的第一个问题,就是要"研究现状",不能死记硬背照搬口号。研究现状就是研究实际,灵活运用马克思主义原理,就是抓住知识的根本,迁移到新的环境、解决新的问题。《改造我们的学习》提出的问题,在今天中国的教育体制中依然存在,面对中国的教育,面对科学的发展,我们必须大声疾呼:改造我们的学习!让我们的学习更科学,让我们的学习更民主,让我们的学习更加充满人性的光辉。

总之,学习科学是在神经生物学高度发展基础上产生的,它融会了心理学、教育学、人类学、社会学、计算机学、设计学等各个学科的精髓,更加聚焦于人的成长与发展。学习科学的综合性、人文性与交互性不但具有坚实的科学基础,而且具有深厚的人文底蕴,它是以人为基点,吸纳了自然科学界和社会科学界"两界"精华的、以促进人的成长和发展的为己任的新的实用学科。学习科学的产生,必将为人类的进步、社会的发展创造更加锦绣的前程!

第三章 学习科学与友善用脑

第一节 友善用脑的产生与发展

一、什么是友善用脑？

友善用脑是学习科学在课堂教学和学生学习中的具体体现。友善用脑以人本主义思想为基础，以神经学、心理学研究成果为依据，以学会学习为理念，强调教师、学生、家长三方互动、积极学习。它为实施素质教育、为教师由"主导型"向"指导型"转变，提供了切实可行的思路和方法。

随着学习科学的产生，友善用脑应运而生。友善用脑是学习科学在课堂教学和学生学习中的具体体现。新西兰教育家克里斯蒂·沃德（Christine Ward）根据学习科学的理论，把神经生物学、心理学的理论和研究成果用于教育教学实践，提出让老师获得课堂教学的成功，让学生获得学习的成功！友善用脑以人本主义思想为基础，以神经生物学、心理学研究成果为依据，以教会学习和学会学习为理念，强调教师、学生、家长三方互动、积极学习。它为实施素质教育、为教师由"主导型"向"指导型"转变，为推进新课改，提供了切实可行的思路和方法。

友善用脑确立了学生学习的主体地位，克里斯蒂·沃德在出版的《友善用脑加速学习新方法》一书中指出："所有的学生都是天生的学习者，他们有着结构复杂、功能奇妙的大脑。大脑能把经验转化成为知识和记忆。""因为每个大脑都是不一样的，所以每个学生建立知识体系和记忆的方式也不一样。"在学习上要"发展学生所有制"，学校的任务是使学生"学会学习"，在学习上"如果学生无法适应我（教师）的教学方法，那就让我（教师）教会他们以他们自己的方式学习"。这些思想体现了以学生为本、在课堂上根据学生的学习情况设计和实施教学的民主情怀；同时友善用脑为教师的高效教学、学生的科学学习提供了神经生物学和心理学的理论依据；并且运用这些依据为教师有效教学、学生高效学习和家长科学帮教提出了具体措施，如团队学习、多感官教学、思维导图、音乐、冥想、健脑操以及根据学生集中精力时间安排教学等一系列适应孩子身心健康的教学方法。友善用脑坚持了以人为本，遵循了科学规律，具有极强的实效性，得到了教师、学生和家长的称道。

克里斯蒂·沃德是新西兰教育家、理学学士、教育学硕士，她曾是新西兰路易艾黎学院教师培训专家。在教学、学校管理、父母教育、教师培训方面有着广泛而丰富的经验。她活跃于世界各地，致力于把神经生物学和心理学的研究成果运用于教学之中，转化为课堂教学的实用策略，为普天下的父母、教师和学生服务。克里斯蒂·沃德分别写给老师的《教会学习》(Teaching to Learn)、写给学生的《学会学习》(Learning to Learn) 和写给家长的《父母家庭作业手册：如何指导你的孩子成功学习》(The Parents' Homework Handbook: How to Guide Your Child to Successful Learning) 三本书被翻译合编为《友善用脑加速学习新方法》，2003年由天津社会科学院出版社出版。

友善用脑是一个以人为本的理念，它强调："所有的学生都是天生的学习者"，因为每个人都有奇妙独特的大脑。友善用脑强调在尊重人的生理、心理规律的同时，掌握良好的学习方法，每个人都能轻松快乐的学习。友善用脑分为三个层面，第一个层面是理念层面，也是至关重要的层面，友善用脑的理念倡导"所有的学生都是天生的学习者"，这既符合学习是人的本能，教育是"由内而生"的本体论思想，又符合脑科学发展的实际。科学研究发现：人类大脑的神经细胞相当于整个银河系星体的总数，大约10的11次方。此外，它还有比神经细胞多10-50倍的神经胶质细胞，这些神经胶质细胞也可能在处理信息中起作用。神经细胞间通过突触联系在一起。理论上，大脑可储存的信息量相当于藏书1.2亿册的美国国会图书馆储存信息量的50倍，大脑神经功能细胞之间每秒完成的连接可达1,000万亿次。按目前水平，人类脑的潜能开发不到20%，有些专家甚至说不到4%。"所有的学生都是天生的学习者"是有充分的科学依据和坚实的理论基础的。但是在教学实践中,为什么有的学生学得很好,而另外一些学生在考试中成绩却不尽如人意呢?研究发现:人有不同的思维类型和认知倾向,加上人对学习的主观情感,这些都直接影响了学生的学习效果。以视觉和听觉为主要认知倾向的学生,适合于中国传统的以听说为主的教学方式;而以动觉为主要认知倾向的学生,在现行教育模式下往往就感到压抑和不适应,因而在以死记硬背为主要考试方式的考核中往往不能获得好的成绩。为了把友善用脑的理念落到实处,我们要求在教学活动中,教师要"以学生为本",而"以学生为本"要有具体的要求和措施。我们在实践中探索、制定了对学生学习素质进行调查的《友善用脑学生学习素质调查手册》,对学生的学习快乐度、学生的认知倾向、思维类型进行全面测定,要求教师根据学生的不同思维类型、认知倾向设计教学活动。我们也希望家长能够了解孩子的学习特点,因材施教,顺势而帮。由此可见,在科学方式的指导下,以友善用脑的教育理念为核心,开展教学和学习活动,是学生轻松、友善、快乐、高效学习的保障,也是学习活动科学发展、可持续发展的保障。

友善用脑的第二个层面是科学依据的层面。爱因斯坦是我们众所周知的科学家,他非常聪明,但是他的成功之路并不平坦。当爱因斯坦还是奥地利专利局的一个小职员的时候,有一天他在弹钢琴的时候,突然产生了灵感,于是他奋笔疾书,写下了灵感,随后写出了《相对论》。发表之后,轰动了世界,但是爱因斯坦写《相对论》的时候并不是大学教授,毕业之后他没有找到工作,而是在父亲同学的安排下到奥地利专利局做了一个小职员。他在工作之余演算他的《相对论》、在钢琴琴键上构思他的《相对论》,而他是在发表了《相对论》之后才被大学请去做教授。爱因斯坦的聪明以及才华被世界所公认,代表了当时学术界的最高成就。在他去世之后,很多人认为,他取得如此高的成就,脑的构造一定与常人不同,于是在征得其家属同意的前提下,哈维大夫对爱因斯坦的大脑进行了解剖。当时大家猜测爱因斯坦的脑重量一定大于常人,常人的大脑重量是1,200克到1,500克,占人体的1/40,爱因斯坦的脑重量是1,247克,重量不重,但是沟壑比较多,这就涉及了人的认知结构问题。大脑半球表面被灰质覆盖,称大脑皮质,即是由大脑的神经细胞的胞体(又叫神经元)组成。大脑皮质的总重量为600克,占全脑的40%,面积为2,200平方厘米,大脑皮质分为新皮质(出现在爬行动物脑中,主司运动与思维、语言等)和旧皮质(主要调节内脏活动),人类的新皮质占96%。人类的大脑半球极为发达,左右大脑半球间有直立深邃的大脑纵列,大脑纵列的底端有连接两个半球的巨束纤维——骈胝体,负责左右脑的信息沟通。信息的传递靠神经元之间的联系，其中神经递质在神经通路连接过程中发挥了重要作用。2000年诺贝尔生理学或医学奖的得主发现了神经系统中的信号传递过程（见本书第二章），人在轻松的时候，水、氧充足的时候神经递质就多，神经通路连接就顺畅；反之则不然。友善用脑就是根据这样的原理，在学习中强调减轻学习者的压力，增强学习者的学习兴趣。同时根据人的生理心理特征，提出了一整套行之有效的学习方法。

友善用脑的第三个层面是可操作性的层面，这集中体现在教师的教学行为的变革上。教育的改革带来的现实是：教师面对新课改不知道应如何下手，苦于没有一个操作性极强的方法。在课堂教学中，友善用脑建立了新的课堂教学"范式"，强调团队学习、互帮互助，同时用音乐激发孩子学习的动力、画思维导图增强记忆、做健脑操缓解学生的压力、用冥想让学生在无意识中整理和存储信息、利用多感官满足各种学习风格学生的要求等。这些方法符合人的认知规律，能够让学生获得学习的成功！

友善用脑是一个完整而宏大的教育理论实践体系，它把符合中国国情、具有中国特色的教育教学实践与学习科学理论结合起来，为全面提高学生综合素质和学习创新能力提供了坚实的科学依据和多样的实践方法，为彻底改变教学中满堂灌的教育教学模式提供了切实的思路和改革途径。友善用脑的实践将使"让学生带着问号来,捧着句号走"的课堂,变成"带着问号来,伴着逗号、顿号、省略号、感叹号一起走"的学生自我探究的乐园,它将有力地推动了教育改革的发展,为改变课堂教学模式、减轻学生学习负担做出扎实的探索,为培养学生的创造力,让学生广泛接触社会,在社会生活中全面发展奠定良好的基础。

在多年的教学实践中,友善用脑已经形成了一个完整的理论方法体系。首先作为学习科学在课堂教学和学生学习中的具体体现,它坚持了以学生为中心的教育基点,并把这一基点落实在学情调查的具体行为之中,根据学生的认知倾向、思维类型和学习快乐度(学习习惯和学习支持系统)采用"同质异构"的方法科学分组,熔炼学习团队;同时根据每个班级学生认知倾向和思维类型的统计数据,设计教学方案,真正实现"同课异构"、多感官教学。其次友善用脑课堂教学的一切策略和方法都是建立在神经生物学和心理学研究成果之上的,同时把这些成果变成了课堂教学和学习策略。第三友善用脑注重课堂评价,把评价作为教师熔炼团队、调整课堂的重要手段,改变过去教学中注重终结性评价的倾向,使终结性评价变成形成性评价,更加利于学生的成长和进步。总之,友善用脑是一个完整的理论实践提示,其结构如下页图所示:

学习科学

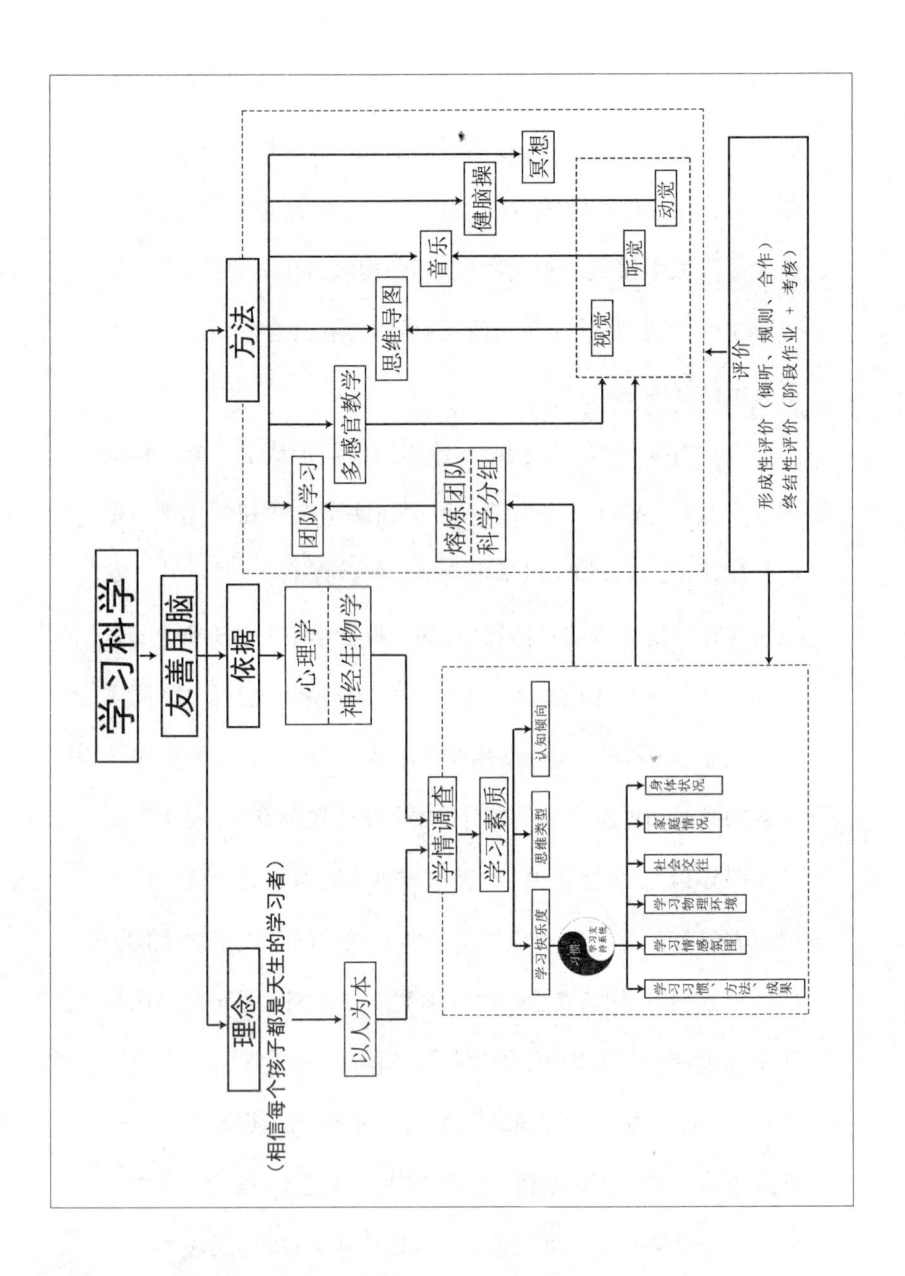

友善用脑

理念（相信每个孩子都天生的学习者）
- 以人为本

依据
- 心理学
- 神经生物学

方法
- 团队学习
  - 熔炼团队
  - 科学分组
- 多感官教学
  - 视觉
  - 听觉
  - 动觉
- 思维导图
- 音乐
- 健脑操
- 冥想

学情调查
- 学习素质
  - 认知倾向
  - 思维类型
  - 学习快乐度
- 身体状况
- 家庭情况
- 社会交往
- 学习物理环境
- 学习情感氛围
- 学习习惯、方法、成果

（学习天体模型）

评价（倾听、规则、合作）
- 形成性评价
- 终结性评价（阶段作业 + 考核）

二、友善用脑的产生与发展

梳理学习科学和友善用脑的发展脉络,对我们深刻理解"人是如何学习的?"这个历史命题具有积极的意义,同时运用"人是如何学习的?"自然规律改造课堂是所有教育工作者的历史使命。

作为一门科学,无论是教育学还是学习学都有其自身的规律,从根本上讲教育和学习的规律就是人类自身发展的规律,我们在探究教育和学习自身规律时,不能离开人类对自己的认识和了解。1991年学习科学诞生以后,很多国家的学者都把研究学习的眼光聚焦在人的学习生理机制上,1997年4月美国国会根据30年脑科学研究的成果,决定把神经生物学和教育学联系在一起,促进美国教育的发展和人才的培养。在白宫召开的有神经生物学家、认知学家、心理学家、教育家等多学科专家参加的专门会议上,他们提出要把脑科学研究与教育联系起来,用以推动美国教育质量的提高,并成立了学习科学开发项目委员会。1999年4月美国出版了学习科学开发委员会为期两年的研究成果——《人是如何学习的》,随即美国国家研究院又成立了学习研究与教育实践委员会,探索将学习科学方面的研究与发现与课堂教学联系起来,促进美国教育发展。美国的做法影响了世界,改变传统的"教授学",创造了人本的"学习学",成为了新的潮流。在这个潮流中,团队学习、启发式、多感官等教学方式,从科学的角度得到了论证。生理学和心理学的研究实验,再一次把中国孔子和西方苏格拉底联在一起,并把他们古老的启发式教学策略从理论的高度给予了科学的阐释。友善用脑传承了孔子、苏格拉底教学思想的光辉,鲜明地提出了激发学生内在的、无限的学习潜能,是现代教育面临的重要任务,它从人类自身的成长过程反思教育的本质,把握了教育的真谛。美国教育咨询专家埃伦·阿罗德(Ellen Arrnold)博士在"友善用脑学习"一文中指出:"脑是一个自然的学习器官,早在孩子进入学校之前的很长时间大脑已经开始了学习和思考。""教育是'从内开始'的","如果我们相信学习是我们能使什么事情发生在孩子身上,我们就犯了根本的错误。这一错误是教育失败的根本原因所在。"友善用脑的这一观点深刻地阐释了教育的主体性,把学习者这个在旧的教育思想和体制中处于被动地位的主体,还原为积极主动、不断进取的探究者,让他们在自主学习的过程中,成为幸运而优秀的成功者。这种成功者的美好心态,将不断激励学习者继续探索,大胆创新,为中华民族的繁荣积淀了良好的人力资源。

梳理学习科学和友善用脑的发展脉络,对我们深刻理解"人是如何学习的?"这个历史命题具有积极的意义,同时运用"人是如何学习的"自然规律改造课堂是所有教育工作者的历史使命。

1993年11月新西兰教育家克里斯蒂·沃德与简·戴利(Jan

Daley），根据学习科学的基本思想合作出版了《学会学习》，1994年到1996年再版过7次，《学会学习》把脑科学的研究成果应用于教育领域，研究分析学生的思维类型，把音乐、健脑操、思维导图引入教学，注重从生理上、心理上探讨学生的学习状态，帮助学生取得学习的成功。

1997年3月英国著名作家、教师、培训师和职业演讲人马克·弗莱彻（Mark Fletcher）发表了题为"友善用脑课堂计划——一个教师发展的工具"（Brain Friendly Lesson Planning: A Teacher Development Tool）的文章，探讨了左右脑功能、大脑放松、边缘系统（记忆和情感）、新脑（大脑灰质的神经环路）和不同学习风格等问题，主张根据人脑的特点开展教学活动。

1997年12月美国教育研究工作者洛厄尔·比勒（Lowell W. Biller）在美国基础教育校长联合会的刊物上发表了题为"培育一个友善用脑的课堂"（Cultivating A Brain Friendly Classroom）的文章。作者提出要将神经学、心理学、认知学、教育学的前沿学科成果应用于学校教学，呼吁学校必须转变观念，建立友善用脑的课堂。

1998年春美国具有30多年教育经历的教育咨询专家埃伦·阿罗德博士发表了"友善用脑学习"（Brain Friendly Learning），文章指出："脑是一个自然的学习器官，早在孩子进入学校之前的很长时间大脑已经开始了学习和思考。""教育是'从内开始'的"，"如果我们相信学习是我们能使什么事情发生在孩子身上,我们就犯了根本的错误。这一错误是教育失败的根本原因所在。"作者强调了学生的学习动机,认为"动机=关联+选择(Motivation=Relevance+Choice)"。只要学生有了学习的动机,学生就能学好,因为学生有自然的学习器官——大脑,而动机来自于学习的事情与个体的相关度,在学习中应该给学生选择,这个选择不是做不做的选择,而是如何做的选择。作者批评了现代教育中像生产线一样的教育模式,提出学生是学习的专家。作者在她的书中以人本主义思想为基础,提出了"所有的学生都是天生的学习者",以脑科学、心理学研究成果为依据,提供了上百种教、学、帮的技巧和方法,这些方法科学、实用,给教师、学生和家长极大的帮助。

1998年克里斯蒂·沃德根据友善用脑的理论出版了《教会学习》(1999年、2001年再版)、《父母家庭作业手册:如何指导你的孩子成功学习》(2001年再版),同年沃德与戴利修订出版了《学会学习》的第二版。作者把脑科学、心理学和教育学的知识融为一体,结合自己几十年的教学经验将友善用脑理论系统化、实用化,吸纳了美国心理学家、神经生物学家霍华德·加德纳(Howard Gardner)的多元智能、被誉为"大脑先生"的英国思维专家托尼·布赞(Tony Buzan)的思维导图、保加利亚心理学家、医生、语言教育研究者乔治·洛扎诺夫(Georgi Lozanov)的暗示感应教学法、美国教育运动机能学基金会的教育运动研究专家保罗·丹尼逊(Paul Dennison)的健脑操等教育理论和方法,搭建了比较完整的《友善用脑加速学习新方法》的基本框架。

2000年2月罗伯特·沃尔什（Robert Walsh）在《培训和发展》杂志上发表了"友善用脑交流"（Brain Friendly Communication）的文章，作者在文中探讨了如何按照大脑处理信息的方式为大脑传递和输送信息。作者根据神经学家、心理学家界定的三种不同记忆类型（绝对记忆、程序记忆、片断记忆）提出在传输信息中要不断变化形式，适应不同类型人的需要，同时注意建立信息与原有记忆之间的关联。2000年6月，英国著名作家、教师、培训师和职业演讲人马克·弗莱彻出版《成功教学》（*Teaching for Success*）。这是一本基于友善用脑教学改革的资源分享书籍。作者为广大教育工作者提供了大量有价值的信息和教学实例，人们可以从中汲取到友善用脑理论所带来的教学改革收益。

2002年英国University of the First Age的UFA国家团队编写并出版了《友善用脑》（修订版）（*Brain Friendly Revision*），这本书介绍了根据最新的脑科学研究成果制定的一套学习技巧和方法，帮助学生最大化的发挥自己的学习潜能，让学生把学习内容和他们独特的学习风格结合起来，给学生自信与技巧，确保他们在学习中获得成功。2002年2月英国的Kaizen培训公司编辑出版了《转换你的培训的51种工具——面对生命的友善用脑学习》，作者是Kaizen的管理董事，也是积极探索转变学习风格和方法的专家。书中作者介绍了友善用脑学习的原则，实施友善用脑学习的技巧和方法。作者谈道："工具是为了方便创造","创造不是消耗",要通过各种方法让知识在学生头脑中生成,而不能舍本逐末。

2002年管理与课程发展协会(Association for Supervision and Curriculum Development/ASCD)出版了德博拉·埃斯蒂斯(Deborah Estes)的《友善用脑实用技巧》的培训录音磁带。磁带介绍了如何建立有效的学习交流,在学习交流中如何确定自己的优势和弱点,如何创设一个高效学习的环境等方面。

2003年友善用脑在美国、英国、加拿大、新西兰、中国等世界各地得到了广泛的宣传和应用。英国友善用脑出版集团(Brain Friendly Publication)是以材料帮助教师和学生学习语言,特别是英语的专业机构。他们用友善用脑的理论指导出版工作,他们宣称:友善用脑是"所有的大脑中的不同系统的更加有效的连接,这种连接促使人们获得从短时记忆到长时记忆转换的提高。"他们的产品就是"使这种连接的优势在学习中得到最大化的体现"。他们强调学习者不同的学习风格、从短时记忆到长时记忆的连接、图解和聚焦于学习者、在聆听中放松、小组学习和个人的工作、多元智能和思维导图等综合因素在学习中发挥的作用。

2003年美国PRO-ED出版了Connie Messin的《友善用脑指导活动建立情感智能》(Brain Friendly Guidance Activities to Build Emotional Intelligence),书中介绍了作者在K12学校教学的经历,学生在轻松、快乐的课堂上,通过自我领悟、小组交流和多样的活动达到了成功学习的目的。而教师如何创设学习的场景、如何把握听众的注意力，也是作者在书中向大家介绍的内容。

2003年5月中国天津社科出版社翻译出版了由李荐先生主编的《友善用脑加速学习新方法》。这是将克里斯蒂·沃德的对老师、学生和家长的三本介绍友善用脑学习的书《教会学习》《学会学习》《父母家庭作业手册：如何指导你的孩子成功学习》合编而成，编者认为："这三本书的对象正好涉及了教育的三个主要方面，从某种意义上讲，这三个方面是实施素质教育必不可少又相互关联的三个主要因素，把三本书统一出版，既保证了克里斯蒂'友善用脑'的加速学习方法体系的完整，又使这三个方面互相渗透，相互作用，便于教、学、帮的协调沟通，使学习达到最佳效果。"

此后，友善用脑开始向其他领域渗透和发展。2003年10月美国O'Reilly公司出版了凯茜·西拉（Kathy Sierra）和伯特·贝茨（Bert Bates）的《领先的EJB——友善用脑研究指导企业JavaBeans》这是一本应用友善用脑的理论指导企业人员学习计算机技术的图书。英国的Kaizen培训公司也开设了友善用脑学习（Brain Friendly Learning）的企业培训课程。

2003年11月13日诺埃尔·科伯恩（Noel Coburn）在"'Brain Friendly' ads. Get Better Brand Recall"电视节目中阐述了电视的广告节目应用友善用脑会使人们更加清楚地回忆起优秀品牌。他认为："认知神经学可以很好地应用在其他相关领域。"美国和英国的大学也开设了相应的讲座和课程。

美国德雷克大学2005年开设了互动策略——友善用脑课堂（BrainWORKS: Interactive Strategies for the "Brain Friendly" Classroom）的课程。英国Bournemouth大学2005年9月开设了"Brain Friendly Learning（友善用脑学习）"的专题讲座。英国Loughborough大学开设了"Brain Friendly Teaching（友善用脑教学）"的专题讲座。

2005年12月加拿大出版赛克斯·朱迪斯·安（Sykes Judith Anne）的《友善用脑学校图书馆》（Brain Friendly School Libraries）。2005年9月中国北京普教电子音像出版社出版了中国高等教育学会学习科学分会友善用脑研究中心、北京市澳罗拉国际教育文化交流中心编录的《友善用脑：音乐提高学习成绩》音乐磁带，该磁带包括四个部分：清幽晨曲、清爽日风、清馨午后、清朗月光。这套磁带为课堂教师使用音乐和课下学生学习运用音乐提供了方便。这一切说明友善用脑研究越来越深入、普及。

2006年3月坐落在美国的全球最大的在线出版机构Lulu.

com公司出版了纳萨莉·V.费尔班克斯（Nathalie V. Fairbanks）的 *The Birkenbihl Approach: Brain-Friendly Accelerated Language Learning* 一书，书中介绍了用友善用脑的方法加速语言学习的具体方法。2006年12月中国由教育部主管、教育部教育管理信息中心主办的《基础教育参考》发表了胡新懿、李荐撰写的《友善用脑在海淀》。文中介绍了从2004年到2006年北京市海淀区实施友善用脑的情况，友善用脑使海淀这个教育先进区又迈上了跨越发展的台阶。

2007年10月美国督导与课程发展协会（Association for Supervision & Curriculum Development）出版了朱迪·威利斯（Judy Willis）的 *Brain-Friendly Strategies for the Inclusion Classroom: Insights from a Neurologist and Classroom Teacher*。2007年10月澳大利亚Hawker Brownlow Education Pty Ltd 出版社朱迪·威利斯的 *Brain-Friendly Strategies for the Inclusion Classroom*。2007年1月10日、3月14日、8月29日《中国教师报》分别报道了北京各区县学校实施友善用脑的情况。2007年10月31日《中国体育报》以《城市穿越让孩子友善用脑》为题，报道了北京在孩子当中开展友善用脑的情况。

2008年1月美国Corwin Press出版了凯茜·佩雷斯（Kathy Perez）的 *More Than 100 Brain-Friendly Tools and Strategies for Literacy Instruction*。2月Corwin Press出版了埃米·施韦德（Amy J. Schwed）和贾尼丝·梅利查–厄特尔（Janice Melichar-Utter）合著的 *Brain-Friendly Study Strategies, Grades 2-8: How Teachers Can Help Students Learn*。9月美国Sourcebooks出版社出版了朱迪·威利斯的 *How Your Child*

Learns Best: Brain-Friendly Strategies You Can Use to Ignite Your Child's Learning and Increase School Success。12月Corwin Press出版了安·汉森（Anne M. Hanson）的*Brain-Friendly Strategies for Developing Student Writing Skills*。

2008年11月中国北京师范大学出版社出版的《科学发展：社会秩序与价值建构——纪念改革开放30年论文集》收录了周之良的《研究学习科学，改善学习状况》、马宪平的《在改革大潮中构建科学发展的学习体系》、李荐的《科学发展观指导下的学习科学新发展》。这三篇文章从不同角度介绍了友善用脑在中国的推广和实施情况。

2009年10月美国Corwin Press出版了谢里尔·G.范斯坦（Sheryl G. Feinstein）的*Secrets of the Teenage Brain: Research-Based Strategies for Reaching and Teaching Today's Adolescents*。12月Dog Ear Publishing出版社出版了D.Ed. 范·费兹格鲁德（D.Ed. Ron Fitzgerald）的*Brain-Friendly Learning: A Powerful Handbook for Teenagers*。

2009年1月29日《中国教育报》学术理论专刊发表了时龙、李荐的《孩子是天生的学习者》的文章。7月隶属北京出版集团的北京出版社出版了时龙、李荐编著的《友善用脑思维导图浅说》，这本书通过对上百幅友善用脑思维导图的分析，说明友善用脑思维导图不仅是学生学习记忆的工具，而且是了解学生思维特点的媒介。8月中国《上海教育科研》杂志发表了董福才、汪圣龙的文章《开展"友善用脑"创新实践推动区域教改深化发展》，文章介绍了南京江宁区中小学开展友善用脑的课堂实践的情况。11月中国北京师范大学出版社出版的《科学发展：文化软实力与民族复兴——纪念中华人民共和国成立60周年论文集》选录了李荐的《国际化视野背景下的教育改革与学习革命——践行友善用脑的思考》、闫伟的《友善用脑，和谐发展》。

2010年3月美国Corwin Press出版了玛莎·M.考菲尔德特（Martha M. Kaufeldt）的 *Begin With the Brain: Orchestrating the Learner-Centered Classroom*。4月Corwin Press出版了特蕾西·L.伦格尔（Traci L. Lengel）和迈克尔·S.库兹拉（Michael S. Kuczala）的 *The Kinesthetic Classroom: Teaching and Learning Through Movement*。12月Solution Tree Press出版了戴维·A.苏泽（David A. Sousa）和卡罗尔·安·汤姆林森（Carol Ann Tomlinson）的 *Differentiation and the Brain: How Neuroscience Supports the Learner-Friendly Classroom*。

2010年1月中国《南京教育科学研究》发表了《南京东山小学教科研工作简介》的文章，介绍他们开展友善用脑课题研究的情况。5—6月中国《南京教育》杂志发表了一组南京江宁区开展友善用脑的实践研究的文章。9月中国吉林《现代教学研究》杂志刊登了朱懋凤的《友善用脑与高校课堂理论的结合》的文章。12月中国北京师范大学出版社出版的《科学发展：世界城市与人文北京》选发了李荐《世界城市建设背景下的教师教育问题思考》、赵渊《浅析教师的赏识对学生学习状态的提升》、赵东《浅谈友善用脑城市穿越活动的设计与实操》。这些文章从不同角度反映了教师在实施友善用脑过程中的思考。

2011年1月美国W. W. Norton & Co.出版了Tracey Tokuhama-espino的 *Mind, Brain, and Education Science: A Comprehensive Guide to the New Brain-Based Teaching*。同月Corwin Press公司出版了Donna E. Walker Tileston的 *Ten Best Teaching Practices: How Brain Research and Learning Styles Define Teaching Competencies*。7月，美国Smashwords, Inc 公司出版了Ron Fitzgerald 的 *Brain-friendly Learning*。9月，Solution Tree Press 出版了Gayle Gregory 和 Martha Kaufeldt的 *Think Big, Start Small: How to Differentiate Instruction in a Brain-Friendly Classroom*。

2011年1月，中国北京《中小学管理》杂志发表了闫伟的《用"友善用脑"改善教与学》。3月，隶属于北京出版集团的北京出版社出版了由北京市社会科学联合会、北京市学习科学学会编撰的《友善用脑农家乐》，这本书把友善用脑的理念和方法应用于农民教育，收到了极好的效果。9月，中国北京《教育科学研究》杂志发表了时龙、李荐的《把握分析学情是改进教学和促进学习的基础——北京市职业学校学生学习素质调查》，这篇文章用友善用脑的理念和方法对学生进行了学习素质调查，文章提出：认知倾向、思维类型和学习快乐度是学生学习素质调查的重要内容。这项调查根据中国的实际情况，细分了国际上笼统使用的"学习风格"，并根据北京职业学校的学生实际，提出了具体教育教学建议。11月中国北京出版集团公司、北京出版社出版了《友善用脑学习型功能音乐——友善用脑学习辅助软件》，该软件弥补了教师课上教学和学生课下学习缺乏适当音乐的空白，为友善用脑的研究与实施提供了巨大的帮助。

2012年4月Karyn L. Wiseman博士在美国费城出版了*Teaching Theology & Religion*一书。作者在文章中指出如何用友善用脑的方法实现教学差异性、教学有效评估及课堂管理方法。6月Kelly Laurie在美国发表文章Understanding the impact of brain-friendly delivery。作者在文章中为友善用脑训练提供了具体有效的策略，并指出学习环境非常重要，增加对左右脑的训练会对友善用脑训练产生影响。2012年12月美国"New Morning"学校创始人伊莱恩·肯尼迪（Elaine Kennedy）在由 George Lucas教育基金会创办的Edutopia教育网站上发表题为A Joyfu, Brain-Friendly Classroom的文章。文章列举了两个有关如何利用友善用脑，实现高效学习的最佳练习实例。伊莱恩·肯尼迪将对友善用脑的研究融入到课堂中，使学生创造出优异的成绩，并使学生在学习中得到快乐。

2012年2月《卫生职业教育》发表了首都铁路卫生学校胡波的《"友善用脑"理论在中职英语翻译教学中的应用与研究》。同月《学生之友》(初中版)发表了广东省深圳市光明新区育新学校杨波的《给记忆和思维插上翅膀——冥想记忆和思维导图在课堂中的应用》的文章,介绍了在学习和实践友善用脑理论中提出的使用冥想记忆和思维导图等方法在学习中的收获和感想。3月《基础教育参考》发表了南京市东山小学校长蔡小平的《"友善用脑"教与学的实践研究》。4月《科技创新导报》发表了北京卫生学校郭磊的《浅谈友善用脑教学法在中职〈心理健康〉教学中的应用》,友善用脑对中职教育也产生了积极影响。5月《北方文学》发表了江宁淳化中心小学程建霞老师的《小学高年级语文分层作业优化设计的研究》一文,文中谈到了教师要关注每一个学生的发展特点。7月《物理之友》发表了南京市天印高级中学柏培斌的《谈"友善用脑"的教育理念和方法在物理复习中的应用》一文;同月《中学生物教学》发表了南京市天印高级中学李敏的《冥思5分钟效率大提高》一文,谈了友善用脑教学策略冥想在课堂中的应用。9月《江苏教育研究》发表了一组南京江宁区东山小学开展友善用脑研究的文章,这组文章是老师教学实践中运用友善用脑改变课堂的真实体现。10月《校长》杂志发表了蔡小平《推行友善文化,建设和谐校园》,谈到友善用脑为学校的发展起到了重要的推进作用。同月《基础教育参考》发表了南京市百家湖小学张丽莉的《透过"探究方案"呈现数学课堂到的另一种精彩》,介绍了友善用脑在数学课堂教学中的应用。11月《中小学管理》杂志"友善用脑的本土探索",发表了一组介绍友善用脑的文章,周之良的《"友善用脑"乐学会学》、克里斯蒂·沃德著、戴婧晶译的《"友善用脑":让学生成为快乐高效的学习者——"友善用脑"的教学原则与策略》、李荐的《"友善用脑"课堂教学策略解读》、方中雄、王薇的《"友善用脑"对中小学教学研究与教育培训的启示》、朱慧的《"友善用脑":区域教育内涵发展的"助推器"》、教育部"十一五"规划项目"友善用脑教育教学实践的基本理论研究"课题组的《学习素质良好学习快乐度有待提升——中小学生"友善用脑"学情抽样调查分析报告》,全面介绍了友善用脑相信每个学生都是天生学习者的理念,和坚持把课堂还给学生,让学生自主完成学习任务的具体方法。这组文章对友善用脑理念有了更深一步的阐述,为教师课堂实践奠定了坚实的理论基础。同月《课程教育研究》发表了北京市第十九中学朱彦山的《结合友善用脑理念,改善历史课堂小结》的文章,介绍了友善用脑理念和方法在历史课堂中的应用。12月《课程教育研究》发表了北京市黄庄职业高中杨为的《运用"友善用脑"理论提高中职英语课堂实效性的初步实践》的文章,重点阐述了"友善用脑"在中职英语词汇教学、阅读教学及教师评价中所采取的手段和应注意的问题。

2013年4月,美国著名专业书刊出版社Josseybass出版了*Learning Transfer in Adult Education*,作者为Leann M. R. Kaiser、

Karen Kaminski、Jeffrey M. Foley。书中阐述了人们如何创造友善用脑的学习环境，以及如何基于人类大脑工作的原理成为友善用脑教育学家的理论知识。6月，美国著名作家、临床催眠师布莱恩·E. 沃尔什（Brian E. Walsh）博士出版 Thinking, Reading, Remembering。作者介绍了大脑是如何处理信息以及情感和信仰是如何影响学习的知识。运用这些知识，你会发现有效实现友善用脑、加速学习的工具和技巧。

2013年1月，中国北京《中小学管理》杂志发表了北京市第五十七中校长刘晓昶的名为《"友善用脑"的校本化经验：基于学情调查的课堂变革》一文，介绍了学情调查在学校实施开展友善用脑课堂教学改革中的作用。同月《卫生职业教育》发表了首都铁路卫生学校李琳的《"友善用脑"在听力课堂中的应用》一文，介绍了友善用脑理念和方法在英语教学中的应用。4月《科技创新与应用》发表了大庆市教师进修学院李静波的名为《关于"友善用脑教学策略"的探究》的文章，介绍了友善用脑教学策略在课堂中的应用。5月《中小学管理》杂志发表了南京市东山小学王红梅的《小组合作学习的四次"升级"》。同月《上海教育科研》发表了南京市竹山中学魏宏虎的《适性课堂：人与自然、社会的统一》，南京市东山小学李一婷的《从"以学定教"到"以学定学"》，汤山中学赵月蓉的《"友善用脑"理念观照下的语文教学实践》，百家湖小学王林的《基于友善用脑理念下的语文学习路径探微》，这些文章指出学生是课堂的主体，教师的要充分了解学生，设计符合学生特点的课堂教学活动。6月,《中国教育创新与实践》发表了南京市东山小学朱爱萍的《语文教学中实施多感官学习的实践探索》一文。9月《校长》杂志发表了南京市东山小学校长蔡小平的《评价,着眼于学生的发展》一文,文章介绍了东山小学用友善用脑的理念指导学生评价的具体做法。11月《语文教学与研究》发表了禄口中学黄春的《让"多感官参与"在语文课堂落到实处》一文,这些文章集中体现了友善用脑理念与方法在语文课堂教学中的应用。

2014年8月美国知名学者斯潘塞·卡根(Spencer Kagan)博士出版 Brain Friendly Teaching: Tools, Tips & Structures。本书浓缩了脑科界的五个原则,使教育教学与学生在大脑自然状态下的学习联系在一起。这些大脑的基本原则,方便人们掌握从教育理论到教学实践飞跃的教学的工具、技巧和知识结构。2014年12月美国在大脑研究方面的著名教育顾问、演说家、作者马里利·斯普伦格尔(Marilee Sprenger)在全球知名在线资源网站 Education World 上发表 Brain-Friendly Teaching: Strategies to Improve Memory、Brain-Friendly Teaching: From Sensory to Long-Term Memory、Brain-Friendly Teaching:Putting Brain-Friendly Strategies to Work 三篇文章。文章阐述了如何激发大脑的教学策略,以及从感官记忆到长时间记忆的七个步骤和方法,同时探讨了如何将友善用脑教育教学策略运用到工作中,并包括为帮助人们避免老年失忆症状所提出的建议。

2014年2月,《小学科学》发表了江宁区谷里中心小学蒋成文的《友善用脑理念下教育课堂的研究——当预习作业布置后》一文;《写作与阅读教学研究》发表了江宁区谷里中心小学李俊丽的《调动学生多元感官,打造趣味语文课堂》一文;《新课改教育研究》发表了江宁区谷里中心小学王生康的《小组合作破译人物对白的密码例谈》一文;《华人时刊·校长》发表了江宁区横溪初级中学沈斌华的《运用友善用脑提高课堂实效》一文。文章从不同角度介绍了友善用脑不同策略在课堂教学中的应用。2014年4月,《教育》杂志发表了北京市第十一中学纪乐的《友善用脑在初中英语词汇教学中的运用》的文章,谈了友善用脑的中学英语教学中,帮助学生更加高效、轻松愉快地学习;让学生在安全、友好、合作、快乐中学会英语。2014年5月,《中小学心理健康教育》发表了北京市房山区长沟中心小学高乃建老师的《课堂教学,让学生友善用脑》的文章,介绍了友善用脑策略在小学课堂教学实践中的应用。2014年6月《江苏教育》,发表了南京市东山小学汪璐璐的《多元评价:作文批改新路径》;2014年7月《中小学管理》杂志发表了汪璐璐的思维导图《实现轻松高效、个性化备课》,充分体现了一线教师在友善用脑研究中的思考和实践成果。2014年7月,《中学时代》发表了广西河池市卫生学校刘钢的《"友善用脑"在中职语文教学中的实践》的文章,探讨了在中职语文课堂教学中如何运用"友善用脑"的教学策略,优化课堂教学,体现学生的主体地位,激活中职语文课堂,提高教学效率。2014年8月,《北京教育(普教版)》发表了江苏省南京市临江高级中学高红的名为《将问题情境"活动化"——"友善用脑"理念下的课堂引入》的文章,主要谈了问题情境的设计与创设在友善用脑课堂中的作用。2014年8月,《江苏教育研究》发表了南京市东山小学朱锦涛的名为《"友善用脑"理念下小学语文课堂"健脑操"使用策略》的文章,文章讲述了友善用脑健脑操在课堂中的运用方式及作用。2014年10月《江苏教育研究》发表了汪璐璐名为《自学导航:推进低年级学生语文自主学习的新尝试》的文章,2014年10月,《江苏教师》发表了南京市江宁实验小学戴智婷的名为《运用友善用脑理论数学教学的课前预习》的文章,2014年12月《中小学教育》发表了南京市临江高级中学武娟的名为《"友善用脑"理论在物理课堂中的应用初探》的文章。这几篇文章分别介绍了友善用脑理念与方法在不同学科中的应用。

  总之,友善用脑研究正在以美国为首的世界教育领域蓬勃展开,中国自开展友善用脑研究以来,也取得了辉煌的成绩。

第二节　友善用脑的引进与本土化

一、友善用脑的社会基础

中国教育与生活渐行渐远，学生越来越被束缚在由书本和试卷搭建的"牢房"中。学生的学习热情越来越低，学生的身体素质越来越差，学生的学习能力也在老师的精心指导下，日渐萎缩。在这样紧迫的形势下，中国进行了旨在彻底改变旧模式的新课改。友善用脑生逢其时、恰遇其运，在中国教育和社会面临巨大挑战时，为中国的教育改革和学生学习提供了新的思路和方法。

近些年中国的教育出现了一个奇怪的现象：学生的负担越来越重，学生的学习热情越来越低，学生的身体素质越来越差，学生的学习能力也在老师的精心指导下，日渐萎缩。学习的课堂成了老师的讲堂，"学生带着问号来，捧着句号走"，老师的思维代替了学生的思维，被动接受成了学习的基本定式。然而学习的主体是人，每个人都是独特的，每一个独特的人都有一个独特而奇妙的大脑。因此，从事教育工作不能采用批量式的工业化大生产的方法。以人为本不是一句空话，在教育过程中，教育者应该充分注意学生的个体差异，注意学生大脑的独特性,用多种方法激发每一个学生的思考,让他们积极主动地思维,轻松快乐地认知,这样才能使教育教学活动收到实效。

教育是一个涉及千家万户,关乎国计民生的大话题。《现代汉语词典》中对"教育"词条的解释是:"按一定要求培养人的工作"。"一定要求"是什么要求呢?《说文解字》对"教"和"育"的解释,似乎能给我们一些启示。"教,上所施下所效也。""育,养子使作善也。"教育者要身先士卒做出表率,被教育者效法教育者的行为,以达到至仁至善的标准。曾子说:"大学之道,在明明德,在亲民,在止于至善。"这说明:人离不开学习,学的目的在于懂得做人的道理,在于达到"亲民""至善"的准则。教育的根本目的是"立人",是使青年一代在未来社会中有自己的生活空间和为社会贡献的作用点。由此看来教育不能为了追求知识而舍弃生活的根本。陶行知说:"生活即教育""社会即学校""教育可以是书本的,是与生活隔绝的,其力量极小。拿全部生活去做教育的对象,然后教育的力量才能伟大,方不至于偏狭。"由此看来生活是大课堂,学习生活不仅是教育的一个重要方面,而且是从事教育的根本目的。反观中国现在的教育与生活渐行渐远,学生越来越被束缚在由书本和卷子搭建的"牢房"中。

早在1983年12月31日,国家教育部就发布了《关于全日制普通中学全面贯彻党的教育方针、纠正片面追求升学率倾向的十项规定》，1988年5月11日原国家教委发布了《关于减轻小学生课业负担过重问题的若干规定》，1993年原国家教委发布了《关于减轻义务教育阶段学生过重课业负担、全面提高教育质量的指示》，1994年原国家教委下发了《关于全面贯彻教育方针，减轻中小学生过重课业负担的意见》，2000年1月教育部下发了《关于在小学减轻学生过重负担的紧急通知》，等等。

从此减负成了教育行政部门的一个重要话题，全国各省市自治区、地、县各级教育行政部门的减负文件一个接一个，但是学生的课业负担不但不减，反而不断加重。为了扭转这种局面，保证青少年的身心健康，2007年中共中央、国务院下发了《关于加强青少年体育增强青少年体质的意见》，2010年发布的《国家中长期教育改革和发展规划纲要（2010—2020）》中明确规定了"保证学生每天锻炼一小时"。2011年十一届全国人大四次会议批准的《政府工作报告》再次强调"保证中小学生每天一小时校园体育活动"。2011年8月教育部制定了《切实保证中小学生每天一小时校园体育活动的规定》。文件的级别不断上升，文件强调的内容越来越具体，从教育部到中共中央、国务院和全国人大，从减负到三番五次强调保证学生一小时的体育锻炼，说明很多学校为了升学率而牺牲了学生的身体。盲目追求升学率，使学生的身心健康受到了极大的影响。

2009年北京大学撰写的《中国报告（2009）》中的调查显示："北京孩子每天学习时间为14.4小时，上海为13.2小时，广州为11.9小时。"夏衍先生在他的《包身工》里，控诉旧社会剥削童工每天要干十五六个小时的活，现在我们让孩子每天学习达14个小时，这不同样是对孩子的摧残吗？！2009年新闻报道，河南省西峡中学给学生上课、补课时间一天长达18小时，在半年内两名风华正茂的学生猝死、自杀。在追求升学的洪流中，学生的道德培养忽视了，情感培育忽略了，美育熏陶忽视了，体育强身忽视了，只有靠死记硬背得到的分数，成为了智育至高无上的显现。

在"披星戴月，今日辛苦明日甜；腾龙跃马，明日幸福在今天"的充满了封建"金榜题名"意识的口号鼓惑下，学生只能对学习产生自然的逆反。2009年媒体报道，陕西汉台中学每年高考前已经形成了一个"校风"，参加高考的学生在校园里撕毁自己的教科书和练习册，把碎纸屑抛向校园。飘散的碎片就像六月的大雪，诉说着几年来学生对现行教育的不满，满地的纸屑映出了现行教育的苍白与无力。2010年3月8日《北京晚报》上发表了一个小学三年级学生画的两幅漫画：一幅是小女孩每只小手夹了四支笔，在拼命赶作业，可是繁重的作业怎么做都做不完，于是急得孩子每只眼睛冒出了3个眼珠；另一幅是小女孩的书包装有8个轱辘都拉不动，书包放不下所有的书，便像卡车一样加了一个拖斗，可还是不行，于是小姑娘只好头上再顶一摞，旁边的路标写着"作业"两字。这两幅画是孩子现实生活的真实写照，是他们痛苦内心的真情袒露，也是他们对目前基础教育中存在的问题表现出的不满和抗争。

网上曾流传着一篇2009年高考北京试卷的作文，抄录如下：

我有一双隐形的翅膀

"我曾是一只鸽子，是千万鸽群中的一只……每次稚嫩的扑腾都是向天空倾诉飞翔的渴望……那一夜，自称是养育我们的主人来了……剪去了我们的翅膀，让大地上落下无数洁白飞羽。从此我们无法离开沉重的地面，只能做他们玩赏的点缀。我们身体孱弱，我们步履艰难。我们失去了自由，只能任人宰割。可是我高傲的羽族呵，我苦难的兄弟，你又怎么能被剥夺最珍贵的——自由……我们中有的堕落成了鹦鹉，他们竟向主人赏的玉米粒唱赞歌；另一些兄弟们沉沦了，忘记了自己曾经有过飞翔的双翼，到处和母鸡调情。还有一些同类在主人的淫威底下，已经像呆鹅一样麻木；最令我伤心的，有的同类在各种意外中失去了年轻的生命，多少次被一辆辆跑车碾得毛羽纷纷。而我只能傻傻地看着，默默流泪。如果我们还有翅膀呵，怎会不摆脱这一切，高高翱翔……想要飞翔，然而结果却是爬到死去为止，这就是我们的命运……我祈祷自己来生要化为鹰隼，振翼高飞罗网之外，乘风远翔黑云之上，我要请神赐予我利喙和尖爪，让我呼啸着，扯破这不可忍受的暗夜！"

这篇作文以其超凡脱俗、出类拔萃的想象力写出了孩子的痛苦和愤懑！揭示了目前基础教育中存在问题的根源所在。文章开篇直抒胸臆，表达了作者要腾云飞翔的渴望。但是在现行的教育体制中，没有人关心孩子的内心诉求，家长们以为他们自己为孩子着想，有权做孩子的主；教育专家们认为孩子是被教育的对象，必须老老实实接受专家们的教育。培训孩子们如何通过选拔十分严格的高考，在教育资源相对稀缺的中国，表面看来这的确是一件有益于孩子的好事。而我们的教育专家们恰恰忽略了，这种表面上看来对孩子是好事的"教育"，却从根本上背离了"教育的终极目标"！于是，孩子想要走入生活，在生活中学习"活"的教育的要求，成了他们的无知妄想。"养育我们的主人来了"，"剪去了我们的翅膀"！孩子们清醒地认识到：这种强迫他们以应付高考为目的的"应试教育"，是充满封建专治、压抑人性的教育，在这种教育体制下只能培养出唯唯诺诺、自甘沉沦或呆若木鸡的供主人"玩赏""点缀"的饰物，否则在强大的体制面前任何有血性、有思想的碰撞都会香消玉殒！

据说这篇作文得了0分，原因是主题思想不正确。但是这篇文章指出了我们基础教育中存在问题的症结所在，说出了如此下去只能使我们的国家、我们的一代年轻人蒙受不可逆转的损失，同时也表示了我们的年轻一代对这种教育的不满和改变这种现状的决心！根据我们在北京市、南京市江宁区开展的友善用脑学情调查数据显示，学生学习快乐度随着年级的增高而逐渐下降。加上与学生厌学相对应的教师普遍出现的职业倦怠，教育资源的严重不均和腐败造成的教育不公平的种种现象……，这一切都使中国教育已经到了必须改革的边缘！

《全新思维》的作者美国著名趋势专家丹尼尔·平克认为：我们的经济和社会正在从以逻辑、线性、类似计算机的能力为基础的信息时代（Information Age）向概念时代（Conceptual Age）转变，概念时代的经济和社会建立在创造性思维、共情能力和全局能力的基础之上。"那些编写代码的电脑程序员、起草协议的律师、啃数据的MBA独领风骚的年代已经一去不复返了，未来将属于那些拥有不同思维的人，如艺术家、发明家、设计师、建筑师、咨询师。"从脑功能上看，电脑程序员、起草协议的律师和啃数据的MBA都以左脑见长。

人的左半脑是人脑中至关重要的一半，是理性的、有分析能力、逻辑能力的，而右脑则长于形象思维，一般来说是不平衡的、本能的、富于情感的，是一个自然天生的器官，艺术家、发明家、设计师、建筑师、咨询师往往长于使用右脑。

建国以来中国的教育走了一条使并不成熟的形象思维让位于并不成熟的逻辑思维之路，培养了一批按章行事，缺乏应变能力和创造性的左脑型人才。尤其是"填鸭式"死记硬背的应试教育，不断强化的是掌握语言、逻辑分析、数字处理的能力，而形象思维、全局把握、共情创新往往被忽略，中国教育追求的"标准答案"扼杀了人的创造性，以获取知识的"完成时"代替了把握知识的"进行时"。高考标准答案的存在，让人把所有知识当成完成时，只在乎"标准答案"，学生的思维越来越趋同，想象力却越来越枯萎。然而，教育不是工业化大生产，在一切的标准化之中，教育的标准化是最不可饶恕的，因为他耽误的将是整个民族。

中国1952年大规模的院系调整，使得人文社会学科在大学的教学体系和学科设置中被严重边缘化，具有很强人文内涵且给人带来美感的建筑被划入理工科。"文革"后由于人才奇缺，高中生文理分班，造成了学生知识的严重缺失。改革开放后，人才状况有所缓解，而教育部的相关政策并未及时调整，加上政坛与商业明星清一色的理工科天下，一代代人重复着左脑教育模式，使应试教育走向了极端。右脑型的人才被扼杀，民族创造力受到制约，造成了中国8亿件衬衫才能换回一架空客,一批批精英在美国只能日复一日做重复性的简单工作。

有人说:"1万次成功的拷贝,敌不上一次真正的创新。"这句话说出了一个道理,也对我国现行的应试教育提出了忠告。"左脑"虽然使中国经济高速增长了30年,但贫富分化与环境污染沉重的代价换来了中国"世界工厂"的"美誉"。然而在未来的世界经济发展趋势中,欠发达的右脑却只能让中国在国际工业链上扮演可怜的下家角色。当我们对过去30年的成绩洋洋自得的时候,我们必须清醒地看到,世界已经进入了"概念时代",人类对创造力的呼唤,让中华民族再一次处于"最危险的时刻"!

在这样紧迫的形势下,中国进行了旨在彻底改变旧模式的新课改。这次课改就是要培养学生的创造性思维,培养学生的综合能力。友善用脑就是在这种背景下引入中国的,友善用脑的理念与新课改的追求完全一致,它为新课改的实施提供了切实可行的思路和具体的方法。

友善用脑注重左右大脑的沟通协调,注重人的全面发展,注重依照人的生理规律开展教学。韦钰博士说过:"科学的发展使得生物和教育的会聚有了新的可能,生物和教育的交叉并不是随意想出来的,它是人类对自然和自身探究进展的必然,所有学科会聚都是出于实际社会发展的需要,基于科学发展的必然。"友善用脑也不例外,近30年脑科学的发展,为人类研究自身提供了条件,这使人们探究自身学习的奥秘成为了可能,于是"基于认知神经科学、情感神经科学、分子生物学等学科的发展,产生了一个新学科——神经教育学。"(韦钰:《从神经教育学的兴起看学科会聚的新趋势》)韦钰博士所说的"神经教育学"就是学习科学,它是友善用脑的一个重要支撑理论,是从新的视角探究学习的奥秘,从人类自身的接受条件考察学习,并根据人的接受条件为教师提供更加合理有效的教学方法,它已汇聚成为支撑学习科学发展的一项重要内容。

友善用脑把学习科学的理论,转换为具体的可运作的方法,使之成为学生成功学习、教师成功教学的一种技法。友善用脑从整体和综合的角度研究教学和学习,它既考虑生物人的学习状态,也考虑社会人的学习状态,把人本的情怀渗入其中,使学习具有更浓重的友善色彩和积极的人本精神,让学习这种最具科学特点的人的认知活动回归人的本体。友善用脑在教学过程中,既强调开发学生的逻辑思维,又强调发展学生的形象思维,使学生的全脑被充分调动起来。它把对学生的信任、教学的技巧、学习的方法、物理和情感环境结合起来,为学生营造轻松快乐的学习氛围,在课堂教学中具有极强的实操性。友善用脑能够解决我国目前教改中需要解决的一些问题,能够从根本上扭转学生课业负担重、学生创造思维受到限制的问题,提高课堂教学的实效性,进一步推动教育改革。

应该说友善用脑的引进和推广,对于中国的教育改革来说是生逢其时、恰遇其运。在中国教育和社会面临巨大的挑战时候,友善用脑为中国的课堂改革和学生学习提供了新的思路和方法,也是中国社会发展的需求。友善用脑十几年来在中国能够迅猛发展,是中国的社会变革、时代进步和教育改革奠定了友善用脑的社会基础。

二、友善用脑本土化的过程

地理的差异、文化的不同使任何思想、理念和方法,不可避免地带有各自的特性。当这些思想、理念和方法来到异域他乡,与本土环境和文化交融时,不但保留了它主要内涵和文化基因,而且促进了本土发展,人们往往称这个过程为"本土化"过程。友善用脑同样经历了这个过程。

在"地球村"的背景下,"舶来品"一词似乎"OUT"了,但是地理的差异、文化的不同又使任何思想、理念和方法,不可避免地带有各自的特性。当这些思想、理念和方法来到异域他乡时,也不可避免地经历痛苦的蜕变和融合过程,使之成为与本土环境和文化交融的、保留其主要内涵和文化基因的,能促进某一地域发展的新的思想、理念和方法。这一过程往往被人们称为"本土化"过程。友善用脑也不例外,同样需要经历这一痛苦过程。

友善用脑2003年进入中国,2004年1月第一批教师到新西兰接受友善用脑培训,在课堂上克里斯蒂老师介绍友善用脑的理念和方法，下课后老师们提出了很多问题，比如班额问题、教室大小问题、考试问题等，老师们似乎要用很多具体问题说服克里斯蒂，友善用脑不适应中国。克里斯蒂讲健脑操时，有一位老师提出："中国教室小、学生多，不能做健脑操。"克里斯蒂立即请全体老师起立，让大家把椅子放在桌子下面，在原地带领大家做起了健脑操。坐下以后老师们接着提出："中国的课时很紧，考试压力很大，老师们要抓紧每一分钟讲课，否则完不成教学任务。"克里斯蒂听完以后没有说话，在黑板上写下了这样一段"祷告词"："亲爱的主呀：当我不能改变什么的时候，就让我平静地接受它；当我能做到什么的时候，就让我努力地做好它！聪明人知道两者的区别。"教室里一片静寂，读着这段"祷告词"，大家好像明白了什么。改革从来就是艰难的，任何新生事物的发育成长也从来没有一帆风顺的，友善用脑在中国就是在这样的一片质疑和思考中上路了。

观念的改变是最难的改变，也是最根本的改变。中国是一个"官本位"的国家，民主意识、尊重个体的思想非常淡薄，而友善用脑强调尊重每一个个体，"如果学生不能适应'我'的教学方法，就让'我'教会'他'用'他'的方法轻松学习"，这无疑颠覆了中国传统的教育观，让很多老师一时难以接受。在友善用脑进入中国的最初阶段，虽然老师们对多感官教学、思维导图、音乐、冥想、健脑操等具体教学方式更感兴趣，但是我们始终强调友善用脑最核心的是它先进的教育理念，这个理念就是"所有的学生都是天生的学习者!"这是以人为本、以学生为本在学校工作中的具体体现。理念是统帅行为的灵魂,是教育观念的核心,只有教育观念变了,课堂教学行为才能发生变化,观念不变,老师们能够找出各种借口把新的东西拒之门外,老师们给克里斯蒂提出的种种问题其实就是传统教育观念的反映。

转变观念是最难的,它不能靠说教,不能靠行政命令,只能靠老师们自己体验和感悟。老师们对思维导图最感兴趣,我们在接受托尼·巴赞思维导图的基本定义的同时,没有被巴赞的思维导图所局限,而是与中国传统的"观物取象""立象以尽意"相结合,提出了"人脑有异,图不同一""画自己的思维导图"。让学生在学习中放眼于"物",收观于"心",把学到的知识变成自己的能力。学生在课堂学习中一幅幅生动形象的作品,一个个动人的小故事和他们迅猛飙升的学习成绩,给了老师极大的震撼,朝夕相处的学生第一次让老师感到了"陌生",期末考试的成绩第一次让老师感到震惊,学生究竟有多大的学习潜力?为什么在传统课堂上没有发掘出来?老师们在自我反思,自我转变。

健脑操是调整学生学习状态的一个极好方法,交叉、补氧是保罗·丹尼森(Paul E.Dennison)健脑操的核心,友善用脑引入中国后,我们看到汶川地震现代通信中断的现实,编了旗语健脑操,把海军的旗语引入课堂,不但保留了"交叉"和"补氧"的特点,而且还让学生学到了旗语沟通的方法。刺激指尖能够促进人的微循环，改变人的整体状态，我们编了摩尔斯码健脑操，用指尖敲桌、双手击掌表示"点""划"，学生们不仅能够课上活动，而且还能拍出他们喜欢的励志口号。为了弘扬中国传统文化，减轻学生学习压力，我们与北京针灸学会合作，请针灸专家根据中国的经络穴位，编制了友善用脑中医健脑操小学版和中学版，不但护脑减压、使课堂调节活动更加科学规范，而且还传播了中医文化。这些活动调整了课堂状态，提高了课堂效率，也在渐渐转变着老师们的观念。

相信每一个学生都是天生的学习者，不是一句空话，以学生为本也不能仅仅停留在口头上。如果课堂的主体是学生，那么老师的课堂设计就要根据学生的特征来制定。友善用脑强调每个人具有不同的"学习风格"，了解学生的学习风格，采用多感官教学是老师课堂上必须遵循的准则。而"学习风格"在国际上是一个内容极其含混的概念，在R.赖丁和S.雷纳合著的《认知风格与学习策略——理解学习和行为中的风格差异》（庞维国译）一书中，作者说："'风格构念'（style construct）出现在许多学术性的学科中。在心理学中，它又出现在其不同的分支领域中，如个性、认知、交流、动机、知觉、学习和行为等领域。作为一个理论出现在心理学中，风格理论既要独立发展，又要顾及相关方面的发展，反映哲学和心理学对个体差异性的共同关注。不幸的是'风格'这一术语的广泛应用，导致这一领域的研究者经常采用不同的定义和术语。结果，那些对达成一致意见感兴趣的研究者，在为风格理论定一个可接受的专门术语方面,面临着相当大的困难。"在友善用脑引进中国的过程中,我们没有简单采用"学习风格"的概念,而是对"学习风格"的内涵作了深入分析和拆解,用"认知倾向""思维类型"和"学习快乐度(学习习惯和学习支持系统)"代替了"学习风格"的概念,并用学情调查即学生学习素质调查表示其整体。这样避免了概念相同而内容相异的问题,使老师们在对学生进行学情分析过程中表述问题更加明确,探讨学情更加清晰,彼此交流更加准确高效。

友善用脑强调调动学生的学习潜能,让学生轻松快乐地学习。友善用脑认为:学习是手(身体)、脑(智力)、心(情感)协调互动、共同作用的认知过程。在学习过程中,人的认知、思维和情感发挥着重要作用。我们根据中国国情和学生的实际,改编了认知倾向和思维类型的调查问卷,研制开发了学习快乐度调查问卷。"快乐"是人在感受良好时的一种情绪反应,这种反应是在健康、安全、客观环境适宜的基础上,对事物感到满意的状态。学习快乐度是学生在学习过程中,对学习环境、学习过程、学习结果感到满足的程度,它也是对学生学习习惯和学习支持系统的一个客观表述。学生的情绪及其满足状态与文化密切相关,因此学习快乐度的调查问卷,不能照搬,也不能引进,只能根据中国的客观情况自行研制开发。在学习快乐度调查问卷设计方面,我们明确了探究学生在学习中产生快乐或形成厌恶的主客观原因的调查目的。学生在学习过程中,存在的某些现实或主体的客观状态,常常会成为影响学生学习动力的主要因素，这些因素往往不是暴露在表面，而是深藏于表面的背后，成为影响或制约学生发展的主要因素。教师和家长应该深入了解这些事情，有效地帮助学生，这样才能真正做到以学生为本。

友善用脑学情调查实施以后，老师们根据学情调查的数据设计教学，改变了过去满堂灌的做法，对每个学生不同的学习习惯有了更多的关注，在课堂上给予学生更多的自主选择，使课堂效果明显提升。因为数据表明，无论小学、初中、高中和职业学校的学生，听觉倾向的学生比例都是最低的。学生不喜欢听，老师却要拼命讲，结果会怎样呢？学生课堂上的表现和他们的考试成绩早已把答案展现在老师面前，传统的课堂教学已经到了不改不行的地步！

友善用脑经过这样一步一步的本土化过程，老师们对友善用脑的理念有了更加深入的认识，对自己固有的传统教育观念进行了反思，他们认识到以教师为中心的课堂教学不利于确立学生的主体地位，不利于挖掘学生的学习潜能，不利于培养学生的创造思维。只有以学生为中心，让学生从小培养锻炼自己的综合学习能力，才能培育学生的自信，形成他们善质疑、会思辨、敢表达的思维习惯，这样才能使我们未来的社会更加民主、和谐、文明、富强。

在友善用脑本土化过程中，我们还与广大一线教师和学生一起探讨了友善用脑课堂教学中的具体问题，对学情调查、团队学习、多感官教学、思维导图、音乐、冥想、健脑操等具体策略进行了科学的梳理和有益的实践,形成了科学规范的友善用脑课堂教学范式。同时创造了深受学生欢迎的友善用脑城市穿越、博物馆穿越的这种新的教学形式。这些具体策略的推广和应用,为一线老师解决了课堂教学中的具体问题,得到了老师、学生和家长的欢迎,也为友善用脑扎根中国做出了巨大贡献。

第三节　友善用脑学习

一、学情调查

以学生为本不是一句空话，既然学生是学习的主人，那么学习的一切活动安排都必须根据学生的实际情况设计和安排，了解学生的学习的认知倾向、思维类型，了解学生的学习习惯、学习支持系统（学习快乐度）的基本状况，对于有效开展教学十分重要，可以说学情调查是开展课堂教学的前提和必备条件，也是成功教学的基本保障。

友善用脑"学情调查"是根据友善用脑的理念对学生学习情况进行的综合调查，也是对学生"学习素质"的调查。一般认为学习素质是人先天遗传和后天习得的在一定时间内相对稳定的学习能力和素养。学习是人的身体、智力和情感协调互动、共同作用，对事物认知和把握的过程。因此学生学习素质调查，主要从学生的认知倾向、思维类型、学生的学习习惯和学习支持系统（学习快乐度）以及学习成绩四个方面入手，了解学生学习的基本状况。其中认知倾向和思维类型，既表现了学生先天遗传的因素，也是学生后天习得的结果。学生的学习习惯和学习支持系统（学习快乐度）是从学生身体状况、家庭情况、社会交往、学习的物理环境、课堂教学氛围和学习习惯、过程6个维度反映学生在学习中的身体、智力和情感状况,了解学生"乐学"或"厌学"的原因所在,以便帮助学生调整提高。学生的学习成绩作为学生学习成果的指标之一,也被列入学生学习素质调查的范围之中。

(一)学情调查中涉及的基本概念

学情调查的内容在国际上被广泛称之为"学习风格"。在R.赖丁和S.雷纳合著的《认知风格与学习策略——理解学习和行为中的风格差异》(庞维国译)一书中,作者说:"'风格构念'出现在许多学术性的学科中。在心理学中,它又出现在其不同的分支领域中,如个性、认知、交流、动机、知觉、学习和行为等领域。作为一个理论出现在心理学中,风格理论既要独立发展,又要顾及相关方面的发展,反映哲学和心理学对个体差异性的共同关注。不幸的是'风格'这一术语的广泛应用,导致这一领域的研究者经常采用不同的定义和术语。结果,那些对达成一致意见感兴趣的研究者,在为风格理论定一个可接受的专门术语方面,面临着相当大的困难。"无论我们谈到的学生的学习习惯及学习支持系统(学习快乐度)调查,还是认知倾向、思维类型调查,在国际研究中都被冠之以"学习风格"。为了避免赖丁所说的研究者的困惑,我们对学情调查中的不同概念给予了明确界定,并对概念给予了清晰说明。

1. 认知倾向

人通过各种感官接受外界的信息,经过大脑的加工处理,转换成内在的心理活动,进而支配人的行为,这种信息接收、加工和处理过程就是人的认知过程。由于人的生理差异和生活经历的不同,每个人的感官接受信息的敏感程度以及大脑组织加工信息的方式也各不相同,在认知上存在一定的倾向性。认知倾向是学生学习的心理基础之一,影响学生的学习方式,与课堂教学关系极大,是教师、家长必须了解和把握的学生的重要信息,也是改变课堂教学方式的主要依据。

认知倾向分为听觉型、视觉型、动觉型和均衡型四种。前三种为有明显倾向特征,视觉型的认知倾向更多地喜欢用眼睛去看、去感知事物;听觉型的认知倾向往往长于通过听和说来感知事物;动觉型的认知倾向则更习惯于在活动中感知事物。认知方式没有明显倾向的,属于均衡型。认知倾向没有优劣之分,只是个人不同的认知习惯和特征的表现。每个人只要充分发挥自己认知方面的优势,都可以取得良好的学习效果。人的认知特征受遗传的影响,也与后天训练和养成密切相关。

2. 思维类型

思维是以感知为基础，通过观察、判断、抽象、推理、想象等探索与发现事物的内部本质联系和规律性，思维通过复杂的相互作用实现信息转换，从而形成新的心理表征。实践证明：人们倾向于根据自己熟悉的方式来理解事物，很难用自己不熟悉的方法来解决事物。"事实上，物体或想法的功能本身就成为一种定式"，"我们常常把定势（set）这个术语与一个人进行问题解决时的思维状态（习惯或者态度）联系起来"，这种附着某种思维特征的定式被称为思维类型。学习方式与思维类型紧密相关。按部就班、一步一步因循而至的思维模式被称为分析型思维；总体揽括、综合要旨的思维模式被称为总体把握型思维。分析型思维和总体把握型思维表现出不同的特征，分析型思维更多地表现出逻辑思维的分析特征，总体把握型（综合型）思维更多地借鉴了形象思维中综合、概括把握事物全局的特征，因此在思维类型测试中我们将思维类型分为分析型、总体把握型和均衡型。分析型的思维方式注重细节，善于一步一步地演绎归纳事物。总体把握型的思维倾向于全面、综合地了解掌握事物，关注事物的总体框架和主要脉络。均衡型思维则兼备以上两种思维的主要特点。思维方式没有好坏优劣之别，只表示每个人不同的思维习惯和特点。对于学生来说，重要的是在占主导地位的思维方式和学习方法之间找到平衡，灵活运用学习技巧，这样才能提高学习效率，达到事半功倍的效果。

3. 学生学习习惯及学习支持系统（学习快乐度）

快乐是人在感受良好时的一种情绪反应，这种反应是在健康、安全、客观环境适宜的基础上，对事物感到满意的状态。当学生的学习支持系统即学生的身体状况、家庭状况、学习的物理环境、学习的情感氛围与学生的学习习惯都处于良好状态时，学生的学习也更加容易取得良好的效果，自然也会出现满意的状态，于是我们把学生的学习习惯和学习支持系统称之为"学习快乐度"。简言之，学习快乐度是学生在学习过程中，对学习环境、学习过程、学习结果感到满足的程度。它包括学生的基本状况、学习的物理环境、学习的情感氛围、学习过程和结果的自我评判。学生的基本状况包括：学生的个人情况、家庭状况和社会交往状况，这是学生现实生活的客观活动基础和主体自在状态。调查这些问题目的是了解学生的主体情况,探究学生在学习过程中产生快乐或形成厌恶的主客观原因。学生在学习过程中,存在的某些现实或主体的客观状态,常常会成为影响学生学习动力的主要因素,这些因素往往不是暴露在表面,而是深藏于表面的背后,成为影响或制约学生发展的主要因素。学习的物理环境和情感氛围是学生学习过程中产生快乐的重要基础,这个基础是构成学生学习快乐的外在触发机制。良好的物理环境能让学生感到身心愉悦,轻松快乐的情感氛围则让学生处于积极主动的学习状况之中。物理环境和情感氛围的交互作用,激发了学生学习的快感,是形成学生学习快乐度的关键。学习过程与学习结果是学习主体体验和反思的过程,在学习过程中主客观互动、交互作用、升华提高、产生结果。学习的满足感或厌倦感在这个过程中产生并外化出来。这一部分中采用了友善用脑6M[音乐(Music)、运动(Movement)、多感官(Multi-sensory)、思维导图(Mind map)、冥想(Meditation)、让学生以自己的方式记忆(Making it memorable my own way)]、健脑操、团队学习、积极的自我评价、根据学生的生理年龄将课堂划分为不同时段的课堂教学方法等多种方式,不仅简便、具体,而且鲜明地体现了友善用脑的基本理念,也是课堂教学中激发学生学习热情不可缺少的教学手段。这一部分的设计内容是为了帮助教师掌握课堂教学技巧,提高课堂教学效果。

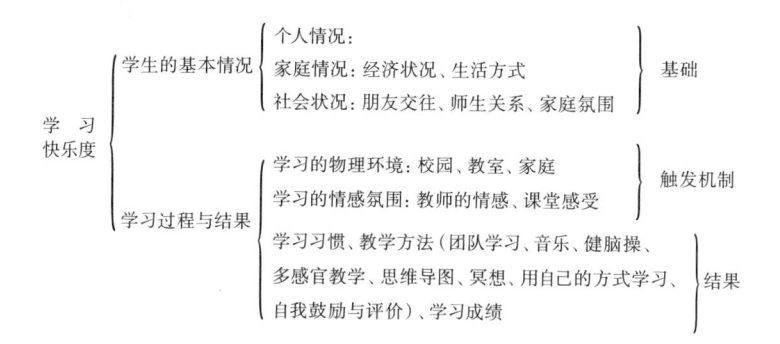

```
                    ┌ 个人情况:
         ┌ 学生的基本情况 ┤ 家庭情况: 经济状况、生活方式          ┐ 基础
         │          └ 社会状况: 朋友交往、师生关系、家庭氛围  ┘
学 习    │
快乐度   │          ┌ 学习的物理环境: 校园、教室、家庭       ┐ 触发机制
         │          │ 学习的情感氛围: 教师的情感、课堂感受   ┘
         └ 学习过程与结果 ┤ 学习习惯、教学方法(团队学习、音乐、健脑操、
                    │ 多感官教学、思维导图、冥想、用自己的方式学习、 ┐ 结果
                    └ 自我鼓励与评价)、学习成绩                ┘
```

学习快乐度是学生对学习环境、情感和方法的适宜程度的综合指标,此项测试的目的是使教师和家长更加了解学生学习时的状况,积极调谐,有效干预,促进学生自主学习。

(二) 问卷设计及统计方法

认知倾向调查问卷是参照国际上流行的同类问卷,结合国内学生生活特点进行编制的。认知倾向调查问卷共设21道题,每道题3个选项,分别反映听觉型、视觉型和动觉型三种不同的认知类型;统计学生选择不同选项的个数,并以一定的标准作参照,可以诊断出学生的认知倾向性。任何测试都不能保证测试结果与学生实际完全相符,如果与学生实际出现较大偏差时,须要通过实物测验辅助评判。

测试时,被测者对每种类型可选择机会在0-21之间,由于是3选1,所以可选数平均为7(题目数÷选项数),当被测者选择某项的数目超过可选平均数的1/3,即达到或超过可选平均数(7)的4/3时,其行为倾向是明显的。此数值可以作为分析学生认知倾向的标准值。

在实际操作时,采用公式:题目数÷选项数+(题目数÷选项数)/3计算得出,取整数9为参照,标准值(9)与平均值(7)之比约为1.3,具有明显的比较优势。若某种类型的选择数超过9个,说明该学生属于此种认知类型;如果两种类型的选择都超过9个,说明该学生同时具有两种较强的认知倾向,属于复合型;如果3种类型的选择都没有超过9个,说明该学生认知方式没有明显的偏好。通过实验发现,此测试结果与学生实际基本相符。

思维类型调查问卷共设20道题,每道题2个选项,分别反映分析型和总体把握型两种不同的思维类型;统计学生选择不同选项的个数,并与一定的标准相比较,可以诊断出学生属于那种思维类型。

测试时,被测者对每种类型可选择机会在0-20之间,由于是2选1,所以可选数平均为10(题目数÷选项数),当被测者选择某项的数目超过可选平均数的1/3,即达到或超过可选平均数(10)的4/3时,其行为倾向是明显的。此数值可以作为分析学生思维类型的标准值。

在实际操作时,标准值可采用公式:题目数÷选项数+(题目数÷选项数)/3计算得出,取整数13;标准值(13)与平均值(10)之比为1.3,具有明显的比较优势。若某种类型的选择数超过13个,说明该学生属于此种思维类型;如果2种类型的选择都没有超过13个,说明该学生思维方式没有明显的偏好，属于均衡型。通过实验发现，此测试结果与学生实际基本相符。

学生学习习惯及学习支持系统（学习快乐度）问卷的产生经过了从下到上又从上到下的反复过程，原始起草者是友善用脑实验学校的一线教师，之后经部分学校的校长、教学主任对问卷中的问题进行分类归纳，在北京市学习科学学会、北京教育科学研究院、北京师范大学和北京教育学院专家的直接参与下，参照国际上相关调查问卷的设计及统计方法，制定出问卷的基本框架，依据这个框架和学生的心理和教学活动的特点设计问题，具有科学性、权威性和可行性。问卷设计之后曾在小范围内进行了效度和信度的测试，取得了良好的效果。测试结果能反映出学生的基本情况和对学习的满意程度，可以帮助教师综合掌握学生的基本情况，更好地开展课堂教学。

由于不同类型学校、不同年级学生环境、生理、心理等主客观条件不同，因此学习快乐度问卷的题目不同，数量也不相同，但都是从学生身体状况、家庭状况、社会交往状况、学习物理环境、课堂教学氛围和学习习惯、过程及结果6个维度，来了解学生的基本状况的，思路是完全一致的；学习快乐度问卷每道题设3个选项，分别对应学生"学习快乐""学习比较快乐"和"学习不快乐"三种状态；并对不同的问题设定不同的权重，区别其对学生学习素质影响的大小。通过对学生得分相对于中间值偏离程度的分析，诊断出学生学习快乐与不快乐的具体原因。

调查中的问卷设计是根据中国学生的基本情况设定的，在总体框架上，保持了中国学生的基本特色。虽然在问卷设计过程中，我们也对比、参考了国外相应的问卷，但只是作为对国际同类研究的了解，没有机械照搬。在学情调查中我们也没有对相应的国际研究与我们的调查进行比较，毕竟教育的文化特色决定了中国学生与国际学生的差异，作为一种客观的调查，我们力求真实反映我国学生学习的基本现状，为学校的教育改革、教育行政部门的教育决策提出科学的数据。我们在对"学情调查"中涉及的认知、思维、学习、快乐等问题进行研究探讨时，采用了该领域研究中广为使用的概念，遵循"宜粗不宜细"的原则，阐述了我们的理解，而对这些领域中正在讨论的学术问题没有过多涉及。

（三）学情调查的结果

学情调查在北京、南京、深圳等地的实验学校中广为开展，我们仅以北京市调查数据为例，阐述调查中表现出的问题。需要说明的是北京地区与南京地区的数据完全吻合，表现了学情调查问卷的效度和信度是十分高的。

1. 学生学习素质总体状况良好

北京市各类学校学生学习素质处于良好状态，多数学生学习比较快乐，说明在市教委和各级教委领导下，学校能够认真贯彻党的教育方针,努力建设和谐校园,实施素质教育,提高教师队伍素质,加强课程建设,开展课堂教学改革,使北京市的教育工作走上了科学发展的轨道。

2. 学习倦怠群体不容忽视

北京市的教育在发展中仍然存在一些问题,中小学、职业学校学生学习快乐度不断下降,从小学的94.9%,下降到初中的88.1%,高中降到80.4%,职业学校达到76.5%,说明经过十几年的学校教育产生了20%不喜欢学习的学生,这对我们建设学习型社会十分不利。

各类学校学习快乐度数值列表

类别	小学	初中	普高	职校
快乐度(%)	94.9	88.1	80.4	76.5
95%的置信区间	91.9%—97.9%	85.1%—91.1%	75.4%—85.4%	73.5%—79.5%

3. 教学方法和学习方法亟待改进

学生学习快乐度下降的原因是多方面的,调查显示:(a)小学生认知倾向中听觉型占8.7%,初中生占9.9%,高中生占13.37%,职业学校只占7.2%。视觉型小学生占12.6%,初中生占29.8,高中生占37.18%,职业学校只占13.9%。一方面我们看到小学、初中、高中的听觉、视觉型比例不断加大,说明中国现行的教育模式主要以视觉、听觉为主;另一方面我们也看到"听""说"为主的教学模式不符合大多数学生的认知倾向,特别是职业学校的学生。(b)在思维方式的培养上,我国现行教育以培养逻辑思维为主，小学低年级分析型思维比例很高说明了这个问题。单一思维模式对培养创新意识不利，应该充分调动每个学生的潜能，不拘一格培养人才。(c)教学方法应该改进，在小学、初中、高中和职业学校的调查中，教学方法的偏离始终居于前位，在各类学校学生学习快乐度6个维度负向偏离统计数值列表中，"教学方法"并入"学习过程与方法"维度里，这一维度的数值初中和职业学校列第一位，高中列第二位，传统的教学方法不利于培养良好的学习习惯，忽视了学习方法的学习，也是造成学生不爱学习的主要原因。(d)学习物理环境是造成学生学习快乐度负向偏离的一个重要原因。调查中学生反映学校、教室的环境没有以学生为中心，缺乏人性化设计与布置，学校没有安排好学生每天一小时的体育锻炼时间。有些学生特别是职业学校的学生，在家学习环境很差，这些对学生的学习非常不利。(e)课堂教学情感氛围不利于培养学习兴趣，不能满足学生学习的需求。小学生对老师的期待很大，老师在孩子心目中分量很高，他们希望老师对他们和蔼亲切，像朋友一样地交流。但是调查数据显示"教学情感氛围"在小学的偏离值排列第二位，高中和职高排列第四位。

（f）家庭教育状况需要改进。小学"家庭情况"偏离最高，初中、职业学校排在第二位，高中列第三位。家庭教育小学应该更多满足孩子的心理需求；初中帮助他们正确调整心态，解决青春期逆反问题；高中帮助他们做好人生规划；职业学校解决他们生活和就业的实际问题。

各类学校学生学习快乐度 6 个维度负向偏离统计数值列表

学校类别	小学	初中	普高	职校
个人状况	12.6%	8.2%	4.2%	8.1%
家庭情况	23.9%	19.8%	20%	23.7%
社会交往	12.5%	16.8%	26.4%	16.4%
学习物理环境	15.7%	18.8%	12.3%	25.8%
教学情感氛围	13.9%	13%	13.3%	19.4%
学习过程与方法	13.7%	26.5%	21.7%	28.5%

4. 学习状况呈现类型差异

北京市中小学生、职业学校友善用脑学情调查反映出不同阶段的学生面临不同的问题,小学比较突出的是"家庭情况"维度中的影响因素,家庭教育方式不当,父母不在身边以及文化生活缺乏是造成学生学习不快乐的一个重要原因,这一原因直接影响学生的心理成长。小学生对老师的心理期待很高,教师如果对学生亲切热情能在一定程度上缓解孩子心理的压力。初中比较突出的问题是"学习习惯与过程"维度中的影响因素,没有合理调配学生学习时间和学习方式,学生缺少自主学习的机会,教学方式不适合学生等是造成学生学习不快乐的重要因素。"家庭情况"与"物理环境"维度中偏离的学生比小学有所减少,但在初三年级比例还是较高的。初中"家庭情况"维度中反映出很多的问题是学生青春期的逆反,学校应该在这方面多做工作,帮助孩子调整心态。高中最为突出的问题是"社会交往"维度中的影响因素,与"朋友的交往"缺乏适宜的活动和积极上进的内容,反映出现在学校只注重学习,忽略了不同阶段孩子成长过程中的心理需求。职业学校学生在"学习习惯与过程"维度偏离学生最多；除"家庭情况"与"物理环境"维度的偏离的学生比普高高一年级学生比例大外，其他维度情况基本相同。"家庭情况"维度中反映出的问题是家中缺少课外读物，在家中学习有困难时得不到帮助，在家没有能安静学习的房间等。"学习物理环境"中反映的问题是学校教室内无绿植，有噪音，专业教室和阅览室等设施不能满足学习要求等，这些因素都影响了学生的学习快乐度。学生遇到的问题就是学校和社会应该解决的问题，因为在孩子成长过程中，环境是十分重要的，以学生为本，以孩子为本不是一句空话，要扎扎实实落实在孩子的生活中。

学情调查在北京、南京、深圳等地实验学校中广泛开展，很多学校已经把学情调查作为开展课堂教学的必备项目，每学期开始之前都要对学生进行学情调查，老师根据学生的学情调查结果来设计课堂，收到了很好的效果。开展学情调查以后，学校的教育管理、教学设计、组织方式等都发生了变化，"同课异构"还原了其本来面目。由于老师必须根据学生的基本情况设计教学，同一年级的两个班因为学生的认知倾向、思维类型的差异，老师就不能拿着一份教案走进两个教室，而要根据学生的情况设计不同的教案，老师要适应学生，而不是让学生适应老师。于是"同课异构"就由"两位老师上同一内容的一节课"，变成了"一位老师上同一内容的两个班的课，要根据学生不同的情况设计不同的教案"。这样的"同课异构"，真正体现了以学生为本，表现了"同课异构"的根本价值。

学情调查是友善用脑课堂教学的必备手段，也是学生自主学习的重要环节，它能了解学生个体的情况，让学生根据自己的特点采用适合自己的方法学习，也可以为教师备课提供依据，同时能够了解教师的教学状况。一个年纪的数据能够反映年纪的教学管理水平，一个学校的数据能够反映校长的管理水平。总之，全面开展学情调查对于全面提高课堂教学效率十分必要。

二、友善课堂

友善课堂是充满对个体尊重，充分体现平等沟通的以探究为主的和谐课堂。范式是可以作为典范的形式或样式。课堂教学是有基本范式的，以学生为中心的课堂，要建构"学生所有制"，设计教学要把学生放在中心地位，从学生的兴趣爱好和前拥概念出发，创设出诱发学生思考、利于学生知识迁移的活动，让学生在活动中充分交流展示、不断领悟升华，从而掌握知识要点、增强学习能力。

党的十八大提出的社会主义核心价值观要求公民"爱国、敬业、诚信、友善"。友善要从娃娃抓起，友善需要感悟和体验，需要培育和传递，打造友善课堂是培育友善之人的重要环节。什么是友善？《说文解字》上说："友，同志为友。二又二人也，善兄弟曰友，亦取二人而如左右手也。""善，吉也。从誩从羊。此与义美同意。"友的核心在于平等,善的实质在于交流。友善课堂是充满对个体尊重,充分体现平等沟通的以探究为主的和谐课堂。对学生平等,首先要确立以学生为中心的教育基点,教师不能站在自己的角度研究学,而要在课堂上建构"学生所有制",设计课堂教学要把学生放在中心地位,从学生的兴趣爱好和前拥概念出发,创设出诱发学生思考、利于学生知识迁移的活动,让学生在活动中充分交流展示、不断领悟升华,从而掌握知识要点、增强学习能力。学习科学是研究人的学习机能的学科,开展学习科学研究的目的是为了更好地理解和掌握人类在认知和社会化过程中学习的规律和技巧,以使人类更加高效地学习。友善用脑是学习科学在学生学习和课堂教学中的具体体现,因此学生在学习中的主体地位不容忽视与动摇。

(一)友善课堂的基本范式

范式是可以作为典范的形式或样式。范式与模式不同,范式是做出的一个样子,在人们学习的过程中人们可以超越、可以创新。而模式则是一个统一的样子,只能让人们刻板沿袭。课堂教学是有基本范式的,在以教育学为基点的课堂上,教师是课堂的中心。老师讲、学生听,教师主动传授、学生被动接受已经成为传统课堂的基本模式。而友善用脑的友善课堂在基点上发生了根本转变,它以学习科学为基点,把学生放在了中心地位,新的课堂范式自然随之产生。

1. 友善用脑课堂教学原则

友善课堂的基本范式首先体现在友善用脑课堂教学原则上，友善用脑课堂教学原则是"创设场景、诱发思考、引导结论"。"创设场景"是教师为学生自主学习搭设的"脚手架"，学习的主体是学生，每个学生走进课堂都是带着自己的前拥知识的，相对学生而言教师是所教学科的"专家"，"专家具备与其领域或学科相关的巨大知识库，但是只有子集知识才与具体问题关联。""专家不但获得知识，而且能够熟练提取与具体任务相关的知识。用认知科学家的话来说，专家的知识是'条件化的'——它包括对有用的情景的具体要求。"让学生的前拥知识产生正迁移，需要"有用的情景"，只有这些情景出现，学生才会把前拥知识调动起来，迁移到新的环境中，完成正向迁移形成新的知识。"场景"就是能够使学生发生正向迁移的"有用情景"，是学生自主完成学习任务的重要前提。好的"场景"一定能够诱发学生的思考，而这个思考升华的过程，就是学生正向迁移形成新的知识的过程。而"引导结论"则表现了友善课堂与传统课堂的根本区别，在友善课堂上学生是学习的主体，学生在课堂上平等交流，自由探讨，自主完成学习任务生成新的知识。而传统课堂是教师"给"结论、传授知识，让学生通过大量的机械记忆、死记硬背记住这些知识。学习科学认为："很多情境中都存在着学习。当学习者将他们所学的知识迁移到各种不同的新情境时，最有效的学习就发生了。"而"学习者之间的互动和学习者与教师的互动的观念来自于对学习机制和促进理解的条件的概括。"友善用脑的课堂教学原则源于人的学习机制,适用于人理解知识、迁移知识的基本条件。

2. 学习目标

"创设场景"首先要明确"学习目标",友善用脑课堂教学目标实质上就是学生的学习目标,确定学习目标应当从学生的实际出发,结合学生的现实生活和课堂教学重点难点,清晰准确地表达出"知识和能力、过程和方法、情感态度和价值观"的"三维"目标的基本要求,力戒空话大话套话。《国家课程标准》中的学习目标是站在全国的范围具有一般性的特点,而老师们在实施教学的过程中,面对的是个体的、具有特殊性的学生,因此教师首先要认真学习和领会《国家课程标准》,掌握其学科要求的实质和精髓,结合学生的实际,运用教材和其他适合学生的教学材料,形成概括、精炼、有针对性的学习目标,学习目标是课堂设计和实施的灵魂,也是课堂活动规则制定和课堂评价的重要依据。

3. 教学流程

课前2分钟,教师提前进入教室,观察学生,为学生进行心理减压,并重点关注与调控精神状态不佳的学生,创设有利于学生学习的物理环境、情感氛围。

上课3-5分钟,教师应当明确课堂学习目标,明示或暗示课堂教学活动内容和规则（建议将学习目标和课堂进程关键词展示在黑板的左上角），为学生的课堂学习做好心理准备。

教师要用刚一上课的3—5分钟时间，讲目标、讲活动、讲规则。"讲目标"就是明确课堂学习目标；"讲活动"就是根据学习目标创设适于学生知识迁移的活动环境；"讲规则"就是为了保证生成学习目标和课堂活动有序进行而特别设定的课堂规则，这个规则就是活动的依据，也是课堂评价的依据。在友善用脑课堂上，教师要把自己"讲"的全部变成活动和规则，当老师讲完目标、活动和规则之后，应该将课堂完全交给学生。课堂活动内容和活动规则是教师专业水平的具体体现，教师要将自己对学生的理解和对专业知识的把握，融会在课堂活动与规则之中，使学生能够在观察体验、探究交流和汇报展示中完成学习任务。

4. 课堂形式

（1）团队学习贯穿课堂始终

团队学习是友善用脑课堂教学的基本形式。开展团队学习首先要依据学情调查结果，按照"同质异构"原则进行科学分组。"同质"即好学生与好学生组合，中等学生和中等学生组合，学科基础薄弱的学生和学科基础薄弱的学生组合。"异构"则是将不同思维类型和认知倾向的学生进行合理调配，避免思维类型与认知倾向相同的学生扎堆。

团队学习应以"团团坐"的形式码放桌椅，每个团队由3—4人组成，班额大的班级可以一组6—8人，再把6—8人的大组分成3—4人的两个小组，讨论时先小组交流，然后再大组交换意见、统一思想。所有团队面对黑板形成马蹄形分布，以利于团队成员之间、团队之间的交流探讨。

团队学习是个人优势充分发挥，团队成员默契配合，共同完成学习任务的过程。

（2）多感官教学激发学生自主学习

友善用脑课堂要求教师在教学中采用多种教学手段，用丰富多彩的形式激发学生的学习探究热情，积极创设诱发学生思考的学习场景，引导学生在体悟中自主获得学习结论。多感官教学是友善用脑课堂的基本特征之一，教师在设计课堂活动时，要根据学生的特点，注重调动学生的眼、耳、鼻、舌、口和身体，把各个感官都投入到学习之中。

（3）合理运用友善用脑课堂教学元素

根据学生的生理、心理特点，以大约10—15分钟为一个单元进行分段教学，通过活动设计不断调动学生的学习状态，调节课堂教学节奏。

根据课堂实际需要，适时、适度、适当运用友善用脑思维导图、音乐、冥想、健脑操等课堂教学元素，提高课堂教学效率。使用音乐、冥想和健脑操等友善用脑策略时，要做到恰逢其时、恰得其所、恰到好处。

结合课堂教学内容，一般一节课采用2—3个元素为宜。

（4）科学评价有效调控，让学生形成科学学习的氛围

评价是友善用脑课堂教学中教师调控学生的重要手段，教师应将友善用脑课堂评价表展示在黑板右侧，评价表包括组名与倾听、规则、合作三项内容，教师根据课前制定的规则和学生的课堂表现，与学生一起为各组打分。周密严谨的规则，公正及时的评判，有助于学生之间形成相互竞争又彼此合作的自主局面，共同生成课堂学习结论。

友善用脑课堂评价表

组名	倾听	规则	合作

友善课堂基本范式简言之,是在"创设场景、诱发思考、引导结论"的友善用脑课堂教学原则指导下,教师根据《国家课程标准》和学生的实际,结合教材及其他教学资料确定学习目标,创设出利于学生正向迁移的学习活动,让学生在与学科知识发生关联的"有用情景"中,根据教师制定的活动规则开展研讨、平等交流、自主探讨,使学生能够在观察体验、探究交流和汇报展示中完成学习任务。

友善课堂一般要求教师只讲3—5分钟,讲目标、讲活动、讲规则,然后把时间交给学生,让学生在观察体验、探讨交流、展示汇报中,自主完成学习任务。当教师把课堂完全交给学生的时候,教师要正确使用评价手段,通过评价调整学生的学习状态,确保学生能够完成知识的正向迁移、生成学习目标要求的新的知识,增长学习能力。

几年来友善用脑实验学校积极把友善课堂教学范式运用到学科教学中,在北京57中的数学课上,当老师是讲完学习目标、活动内容和活动规则之后,一声哨响坐在教室里的学生拿着手中的小纸条跑到操场,按照横竖坐标寻找藏在操场中的宝物，回来后四五个人聚在一起研究探宝过程中的数学问题。拿笔演算、切磋讨论，然后走到讲台上展示汇报自己的学习成果，老师不断为各个小组的学生加分喝彩，一节课上得既轻松又深入，学生们搞懂了坐标的问题，还完成了必要的习题。北京海淀永泰小学，学生要学习"年、月、日"，老师讲完了学习目标，告诉孩子要做一个什么样的游戏，又把游戏规则清清楚楚地讲给孩子们。于是一只手电戴在孩子的头上就像太阳一样，一个带着地球头饰的孩子围着太阳转，带着月亮头饰的孩子围着地球转，其他孩子有的在统计时间有的在计算步数，然后他们计算、交流，一节课下来永泰小学的孩子们搞懂了一年为什么是365天，一月为什么有大有小，为什么二月是闰月。在这些学校的课堂上，老师们讲的很少，讲台上站着的往往是一组一组的学生，他们时而侃侃而谈，时而相互质疑，课堂气氛活跃轻松，孩子免除了机械记忆以及大量烦琐作业的困扰，学习负担并不重，可是孩子的成绩却突飞猛进。省下的时间孩子们参加了大量的科技、体育、艺术活动，学生的综合素质有了很大提高。

开展这样的活动对老师的专业素养具有极高的要求，我们认为：教师的专业素养首先是对学生的了解和把握，任课老师应该了解自己所教学生的生理心理特征，知道他们的思维特点和他们在接受新知识之前所具有的前拥概念，同时应该知道他们的兴趣爱好和他们的思维对于正向迁移学科知识容易产生的障碍和偏颇，根据这些设计出学生喜爱同时又能生成新的学科知识的活动或者游戏。为了保证活动或游戏的顺利开展，教师必须依据学生的基本状况和学科知识，制定出周延完善的活动规则，这些规则能够保证学生顺利达成学习目标。可以说"课堂活动内容和活动规则是教师专业水平的具体体现，教师要将自己对学生的理解和对专业知识的把握，融会在课堂活动与规则之中，使学生能够在观察体验、探究交流和汇报展示中完成学习任务。"活动内容和活动规则就像老师为学生划的跑道，在既定跑道上奔跑学生一定会快速跑到既定目标，而这个目标正是老师期待学生生成的本节课的学习目标。

（5）友善课堂环境要求

压力是学习的最大敌人，良好的物理环境能够为学生起到减压的作用。在友善课堂上，教室环境应该倍受老师重视，教室里要摆放一些绿植、游弋着小鱼的鱼缸，能给学生带来轻松愉快的感觉。下课时打开窗户通风换气，督促孩子到户外跑跑跳跳，这些做法不但利于孩子的身体健康，而且能够促进孩子的学习。友善课堂应该给孩子带来全方位的友善，物理环境是我们不可忽视的一个重要方面。

友善课堂的基本范式，体现了学生中心，把学生置于课堂学习的主体地位上，彻底改变了学生在课堂上被动接受的传统教学模式，不但符合学生的学习机制，而且锻炼培养了学生的综合能力。

（二）友善用脑课堂形式和基本元素

1. 团队学习

在友善用脑课堂中团队学习是其主要教学形式，自始至终贯穿于整个课堂。"同质异构"是教师科学分组的原则，把"小组"熔炼成"团队"，让学生在学习中产生彼此默契的"内在运作机制"是教师课堂教学中面临的主要任务。"评价"是教师课堂上熔炼团队的重要手段，而"规则"的周延完善则是评价效果的重要保证。"团团坐"是团队学习的基本形式。

团队学习是友善用脑课堂教学的基本形式。什么是团队学习？首先我们要明确团队的基本概念。和"团队"紧密相连的一个概念是"小组"，我们常说"小组学习"。什么是小组？"小组"与"团队"具有哪些差异？从中文的词组搭配中我们也许能够得到一些启示,谈到"小组"我们会说:"分组"或者"自由组合成小组",而在谈到"团队"时我们就要说"打造团队"或者"熔炼团队","小组"能分,"团队"为什么要打造要熔炼呢?"小组"和"团队"到底有什么差别呢?《现代汉语词典》对"小组"的解释是:"为了工作、学习上的方便而组成的小集体。"而对"团队"的解释则是:"具有某种性质的集体。""小组"和"团队"都是一个"集体",这个"集体"都是为了实现某种目标而建立的,可见"小组"和"团队"都有共同的目标——为了工作或者学习而建立。在执行任务过程中,"小组"和"团队"都需要互相配合,协调作战,可能都会有一个组织机构,比如选出领导者、有组长或队长等。字典上说"团队"是具有"某种性质"的集体。这个性质是什么呢?当我们对"小组"和"团队"进行细致分析时会发现,"团队"具有自己的内在工作机制,每个队员都有明确的分工、具体的任务,而且在执行任务中队员们已经形成了彼此的默契。在小组中可能会有某些人游离于小组之外,这并不影响小组任务的完成。而当团队接受一个任务的时候,如果有一个队员缺失可能会影响到整个团队的运作,这种机制就是团队所特有的"某种性质"。小组的领导者也许更多考虑的是完成任务,而团队的领导者则要融于团队之中,凝聚所有队员在团队完成任务的过程中,特别是出现特殊状况时决策、协调和组织。由此可见,"小组"不是"团队",而小组可以被"熔炼"或"打造"成团队,这个"熔炼"和"打造"的过程就是使小组具备"某种性质"的过程。团队的"内在运作机制"是团队成员在工作和学习过程中不断磨合、不断适应而产生的，这种机制一旦建立，团队成员之间就会出现一种工作或学习上的默契，而这种默契既发挥了每个人的特长，又符合团队整体利益，是完成团队所面临的任务必不可少的一种保障。所以我们在课堂教学中，要把"小组学习"变成"团队学习"，这不仅仅是名称的改变，更是学生完成学习任务，实现"知识的内化"过程中的一种"自觉"和学生潜质的深度开发。

（1）如何科学分组

建立团队首先面临的问题是如何搭配团队成员。近几年，随着小组学习的不断推广，很多老师也在研究，什么样的分组方式更利于教学。北京第十一中学的老师曾经实验过优差搭配、优优搭配、男女搭配、自由组合等形式。试验后发现，每种搭配都或多或少存在一定问题。开展友善用脑实验以来，他们根据学情分析调查结果，为友善用脑课堂组建团队，为合理分组提供依据。他们认为"团队学习是课堂最大的友善"，所以在教学过程中他们特别注重团队建设。他们在学情调查完成后，采用自由组合与适当调配相结合的方式，为学生搭建团队学习的框架，这种框架基本保持了"同质异构"的特点。

所谓"同质"就是在搭建团队过程中，将学习成绩比较接近的学生放在一起，也就是好学生与好学生组合在一起，中等学生和中等学生组合在一起，相对薄弱的学生和相对薄弱的学生组合在一起。事实上这种组合在学生自由组合的时候就基本完成了，"人以群分"的天则在学生自由分组时得到了充分体现。而"异构"则是不同思维类型和认知倾向的学生进行合理调配，如果将同一种思维类型或同一种认知倾向的学生凑到一起，学习中他们很难取长补短，发挥潜能，有时甚至开展讨论都成问题。避免思维类型与认知倾向相同的学生扎堆，既能让学生感觉到团队安全、和谐，又能让每一位学生在小组合作中各尽所长，充满成就感，团队的"内在运作机制"也会自然而然地形成，大家也会感到很默契，当然团队也自然会有凝聚力。好学生和好学生在一起，能够激发他们的学习热情，使他们不但深入探讨和研究老师交给的问题，而且往往能够不断深化，超出老师的预期。中等学生和中等学生在一起，能够完成老师交给的任务，在学习中能够使中等生体会到学习的快乐和成就感。而相对薄弱的学生和相对薄弱的学生在一起，他们没有与好学生在一起的心理压力和依靠，他们知道要靠自己去完成任务，这使他们在好坏搭配的组合中游离于小组之外的现象得到改观，而教师此时多在所谓"差生"的小组中参与讨论，既密切了师生关系，又能根据学生在完成任务过程中出现的问题给予及时指导，解决了学生基础知识薄弱的问题，不但给所谓"差生"创造了成功的机会，让他们也能像其他学生一样产生成就感，而且进一步激发了他们的学习热情。

在"同质"分组过程中,还应该让中等学生的小组和薄弱学生的小组在优秀学生组中各选1—2名"编外队员"或"技术支持",当优秀学生组的学生完成自己的讨论和研究后,他们会自动散到他们各自支持的小组中,充当"小老师"和"技术支持"的角色,帮助他们一起完成学习任务。

北京市十一中根据学情调查的结果,采取自由组合与适当调配的方式组建"同质异构"的学习团队收到了很好的学习效果,现在他们4人一小组成员基本固定,采用课堂打分制,学生为"团队而战",每堂课学习学生能保持高度集中,"友善用脑"的课堂可以说消灭了课上睡觉的现象,也成为学生快乐课堂。北京市东方德才学校小学部的老师在实施友善用脑的过程中,采用"同质异构"的分组原则,收到了极好的效果。以往老师希望通过好"坏"搭配的方法解决"差"生的问题,可事实上事与愿违,考试成绩一下来,好的依然好,差的依然差。而采用"同质异构",老师担心差生跟不上,考试成绩公布后发现,差生成绩进步很大。老师仔细观察孩子们彼此熟悉的语言沟通,彼此适应的语速交流,远比老师给"差"生讲解时效果好,再加上一个优秀组的小老师的帮助,孩子们课上完全能够掌握要学的知识。老师在制定规则时向薄弱组倾斜一些政策,对优秀组给予的外援也加以肯定,孩子们不仅学习优异,而且互帮互助的思想品德也得到了提升。

(2）课堂评价是把小组熔炼成团队的重要手段

在友善用脑课堂中团队学习是其主要教学形式，自始至终贯穿于整个课堂。团队的作用十分重要，如何把"小组"熔炼成"团队"，是老师面临的一个大问题。根据"同质异构"的原则老师将学生科学分组后，把小组熔炼成团队就是老师的主要任务了。在友善课堂中，一个老师的话语权只有刚上课时的3-5分钟，老师用什么来熔炼团队？答案是"评价"。谈到"评价"，我们不能不先说说"规则"，"规则"是课堂教师评价的依据。我们说教师的专业素养体现在根据对学生的理解和对学科知识的把握，设计的课堂活动和为保证活动生成符合学习目标的活动规则上。那么"规则"的周延缜密、符合学生实际、满足学科要求就是其基本要务。"规则"要覆盖学生发展的全方位，要考虑学生的道德培养、习惯养成、学科知识的自主生成等多方面，也要考虑到学生的合作交流、团队建设。"规则"周延完善了，"评价"就会切实到位，就能收到把控课堂、调整学生学习状态的效果，也能起到熔炼团队的作用。规则是评价的重要前提，评价规则是教师课堂上熔炼团队的重要手段。教师的课堂评价一定要及时、公正、严肃、精准，不能随意为之或者平均分配，要让学生为自己得到每一分而自豪，让他们感到自己的付出得到了公正的回报。总之，教师要把课堂评价作为熔炼团队的重要手段，要保证评价的依据科学完善，尽可能缩短从"小组"到"团队"的熔炼过程，让"小组"早日变成"团队"，让学生在学习中早日形成彼此的默契，产生团队的"内在运作机制"。

（3）课堂上团队学习中座椅码放问题

课堂上的团队学习涉及学生座椅的码放问题。很多学校都是采取"排排坐"的座椅码放方式，这种方式适合传统的课堂教学，容易突出教师的主体地位，让教师感到自豪，给教师以成就感。但是往往容易造成学生的心理压力，特别是在教师提问时，一个学生站起来，他会感到很无助，答对了他沾沾自喜，答错了他会感到无地自容。课堂上的团队学习应该有充分的环境保障，桌椅码放应该利于团队学习。

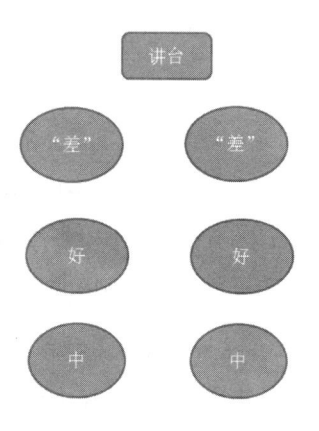

友善用脑的课堂提倡"团团坐"的形式，把教室的桌椅分成若干个小组，每个小组以3—4人为宜，班额大的班级可以6—8人一组，然后再分成两个小组。面对黑板形成马蹄形，这样不但利于团队间的组员讨论，而且便于组际之间的交流探讨。教师可以把学习成绩相对薄弱的小组放在教室最前面，把优秀学生的小组放在中间，把中等学生放在教室的后面。优秀学生小组讨论之后会很快散到他们负责的小组中去，帮助其他组完成学习任务。中等学生组即使遇到一些问题，有好的学生帮助也能很快解决。所谓"差生"，往往认知倾向和思维类型与老师相差很大，平时他们也会远离老师。物理距离的远，表现了心理距离的远，把他们放在最前面，一方面有意识拉近老师和学生的距离，另一方面这些学生因为基础较差，在学习过程中遇到的困难会更多，放在前面便于老师观察，发现问题及时帮助他们解决。遇到的问题不断得到及时解决，能够增强后进学生学习的成功感，激发他们的学习热情。"团团坐"的最大好处是能够减轻学生学习时的心理压力，如果一个学生回答问题，站在团队之中他会感到他的背后有同伴支持，心理上会更加从容淡定，讨论问题也会更加深入和放松。

友善用脑的课堂是让每一个学生成功的课堂，桌椅码放应该体现出学生的主体地位。很多实验学校一开始时对这种桌椅码放方式感到很新奇，实施一段以后，又找各种借口把桌椅还原成原来的形式，这说明在教育改革的过程中，观念的转变是一件非常艰难的事情，特别是在大的教育环境没有发生根本变化的前提下，传统教育思想会不断影响教育改革和探索。因此对待桌椅码放的方式，不是一个简单的问题，而是教育观念的根本转变的问题。在友善用脑课题实验中，有些学校非常坚决，比如南京江宁区的东山小学，全校都是用"团团坐"的方式，现在学生非常喜欢这种桌椅码放形式，老师也逐渐适应了这种形式。

2. 多感官教学

多感官教学是友善用脑课堂教学中的一个基本元素，从潘菲尔德的大脑皮层机能定位图中，我们可以看到人的眼、耳与大脑皮层对应的区域很小。实验表明一个人光靠"听"和"看"记住的知识十分有限，亲身参与能够更多更快地掌握知识。学情调查表明学生之中听觉型、视觉型的人占少数，多感官教学不仅能激发大多数人的学习热情，而且能够减轻学生学习中的压力。

多感官教学是友善用脑课堂教学中的一个基本元素，所谓多感官就是调动学生的眼、耳、鼻、舌、口和整个身体投入到学习之中。从19世纪以来生理学家、医生经过多方面的实验研究和临床观察，得到了关于大脑皮层机能的许多知识。20世纪50年代潘菲尔德等人对大脑皮层机能定位进行了大量的研究，总结出了大脑皮层上的体觉区与躯体各部分的关系图。从图中我们可以看到人的眼、耳与大脑皮层对应的区域很小，也就是说光靠"听"和"看"，刺激大脑的皮层很有限，而把眼、耳、鼻、舌、口、躯体和双手都动员起来，刺激大脑皮层的区域会加大很多。而且从我们学情调查的结果来看，听觉型和视觉型的学生比例也不大，由此可见：课堂教学中"静听"模式不符合人的大脑工作原理，不利于人的思考和记忆。试验表明一个人靠听（A）能记住的知识只是有10%左右，靠看（V）能记住的知识在30%—50%左右，而如果人亲身参与，在动感（K）中学习和体验，能轻松记住70%以上。因此，教师在教学中要根据学生的特点，设计教学环节，充分调动学生的多感官，不但能够适应各种认知倾向和思维类型的学生，而且能够使每一个学生都能达到轻松快乐学习的目的。友善用脑倡导"如果学生不能适应我的教学方法，就让我教会他用他的方法轻松学习。"实现这一要求的唯一方法就是多感官教学。

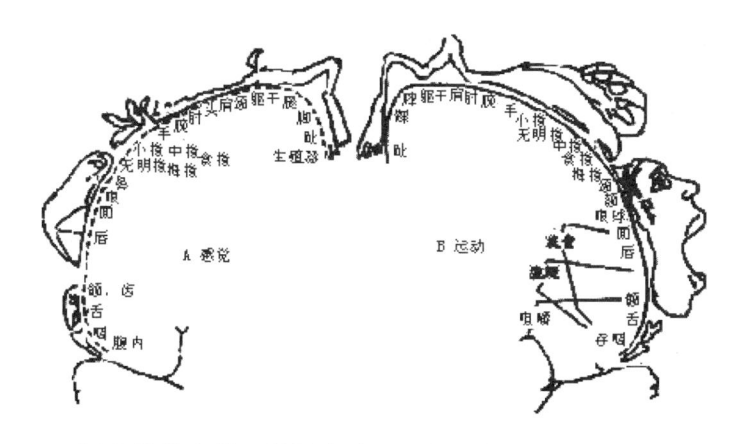

压力是学生学习的最大障碍，在友善用脑课堂上教师要不断给学生减压。造成压力的原因有心理因素也有物理因素，心理因素有教师组织教学中缺乏亲切感、生硬冷涩的语音、不恰当的课程安排和学生孤军奋战的感觉等等，家长的过度的期盼和不恰当的帮助教育方法也是造成心理压力的原因。造成学生压力的物理因素有长时间不通风的教室，固定不变的坐姿，学生缺氧、缺水的状况，身体的不适和学习环境缺乏友善等等，这些因素造成了学生学习过程中的压力，影响了学生神经通路的信息传递，阻碍了学生的有效学习，自然也不会收到很好的学习效果。多感官教学有利于减轻学生在学习中的压力，同时能够增强学生学习效果。让学生在动眼、动耳的同时动手、动脑，学习中他们会有事半功倍的感觉。多感官教学的形式是多样的，交流、讨论、辩论、质疑，课堂剧、小游戏、角色扮演、亲身体验，不同的方式刺激学生不同的大脑皮层，让学生在各种活动领略学习的快乐！

北京57中的历史老师杨伟在教授高中"新文化运动"一节时，没有采用传统的教师一人主讲的方式，而是积极调动学生不同的感官，把一节课分成四个环节，首先让学生用思维导图寻找"新文化运动前的社会乱象"，然后让学生以团队为单位，用课堂剧的方式表现"新文化运动的现象"，最后让学生评述新文化运动之后的社会新气象。下课前让学生思考：五四时期提出"打倒孔家店"，今天我们又倡导传统文化，下节课我们用辩论的方式讨论这个问题。课堂设计紧凑而流畅，学生活动和思维广泛而充分，在整个学习过程中，学生的眼耳鼻舌口都得到了充分的调动，一节课轻松紧凑、连贯充实，不但很好地完成了课堂教学重点，而且让学生学得快乐、记得深刻，激发了学生的学习兴趣。

北京永泰小学的老师在教授"3的倍数"时，将学生以4人分组，每组发了一副扑克，让学生玩扑克，3个孩子出牌，1个孩子注意出来的牌和3的关系，大家一起讨论、一起研究，很快找到了3的倍数规律，这样的教学方法不但能吸引孩子的注意力，而且适合孩子的思维特征，利于孩子思考。在活动过程中孩子的大脑皮层得到了广泛的刺激，各个感官得到了充分调动，理解、记忆都十分深刻。

北京金融商贸学校的数学教师本着数学"源于生活，服务生活"的理念，运用多感官教学让数学学习与生活实际相联系，使数学成为解决实际问题的工具。学习立体几何《正棱锥的性质和概念》，老师先利用课件展示了一张金字塔的照片和一个自制的模型，之后要求学生们讨论金字塔的几何特征，然后把学生分成七八个人一组动手来做一个金字塔。教师给每组学生准备一堆报纸、剪刀和宽胶带，学生在二十分钟内伴随着轻快的背景音乐，通过团队协作来完成金字塔的制作。游戏之后，让学生从金字塔形状入手导出正棱锥的概念，学生们对照自己所做的金字塔模型讨论正棱锥的性质和相关计算。通过游戏体验式学习使学生了解"正棱锥的概念和性质"。学生不但增加了学习数学的兴趣，"动手能力、团队精神、协作意识、沟通能力"也得到锻炼。数学教师"要重视从学生的生活实践经验和已有的知识中学习数学和理解数学。"教师结合学生经验和已有知识，有目的地设计富有情趣和实际意义的活动，让学生切身体验到身边的数学。学生通过"友善用脑"，不再觉得数学学习虚无缥缈，从而自觉与数学学习建立联系，形成自我建构的知识体系，让数学成为学生终身受用的生活工具。这些往往都是为单纯应试教育所忽略和淡漠的，事后调查，喜欢数学的学生由原来的23%变为52%；喜欢用"友善用脑"形式上数学课的学生为90%。

昌平职校进行友善用脑试验以后，改变传统英语教学模式，设置了七个英语模块的学习。每个模块学完之后学生就掌握该场景的相关英语，能够胜任相关岗位的工作。整个课程围绕一个代表团到一个社区进行的各行各业考察活动，把教学内容和场景有机地结合起来。老师创设了很好的学习英语的场景和语境，为学生量体裁衣设计了讲义、学生活动方案、教师记录卡、学生记录卡、学生测评方案等。每个模块的学习用4课时完成。前两节课是"输入"阶段,让学生最大范围地熟悉和掌握该模块的词汇、句型及会话用语等。后两节课去实验室去体验"英语",模拟真实的场景,完成相对真实的任务。在这个参与过程中使学生掌握英语,而且把它内化成自己的语言。比如在"医院情境英语模块"的教学过程中,模拟了一个真实的医院,有内科、外科、检验科、放射科、注射室等。学生分别扮演各科医生、护士、各种症状的病人等角色。教师依据学生的交流情况为学生打分。学生在交流的过程中掌握了医院英语,而且这种学习是真正的掌握,不是机械地背诵。在"银行英语模块",课前教师先选了六名基础较好的学生作为六家银行的工作人员,其他每名学生上课时将随机抽取一张纸条,上面注明他今天将要去某家银行完成的任务,例如,去工商银行开一个账户,并存100元,再交电话费等。这样"顾客"和"银行工作人员"之间就产生信息差,从而有了交流的必要。学生认为在这种模式下学得有趣,很快,很扎实,获得了很好的学习效果。真正体现了以"学生为主体"的"学生所有制",教师的角色在于策划、组织、引导、帮助、欣赏、鼓励、评价,充分体现了友善用脑的教学理念。

"友善用脑"的多感官教学方法课,可以让学生通过教学活动"直观、生动、有趣"地学习,在轻松、愉悦的情境下记忆、理解、掌握,在"交流、展示、互评"中建立起自信,在联系实际解决问题中找到学习的乐趣,焕发出沉睡已久的学习动力。不少学生坦言，他们正是在参与友善用脑教学活动中才真正开始学习。

友善用脑重铸了老师，成就了学生！比尔·盖茨在全美州长协会教育峰会上的演讲《重建美国高中》里说："如果学生不学习，学校必须改革。"传统的教学模式已经受到了严重的挑战，多感官教学已经受到越来越多的老师的青睐，友善用脑的教学实践越来越清楚地证明了"所有的学生都是天生的学习者"的真理，只要我们不断改变课堂教学模式，让教学适应学生的生理、心理发展，学生一定能够成为出色的学习者！

陶行知先生早在20世纪的三四十年代就提出了"教学做是一件事，不是三件事。我们要在做上教，在做上学。不在做上用功夫，教固不成为教，学也不成为学。"他提出："要把教育和知识变成空气一样，弥漫于宇宙，洗荡于乾坤，普及众生，人人有得呼吸。""要解放孩子的头脑、双手、脚、空间、时间，使他们充分得到自由的生活，从自由的生活中得到真正的教育。"在陶行知先生倡导的教育中，学生的学习是要全身心投入的，他要解放的正是孩子的眼、耳、鼻、舌、口，让在他们自由的在生活中，调动自己的全部感官体验学习感悟知识。可见多感官教学不仅符合人学习的生理机制，调动更多的大脑皮层参与学习和记忆，而且能够帮人减压，让人在学习中深刻体验、全方位感悟中轻松学习牢固记忆。

3. 思维导图

友善用脑思维导图是帮人们记忆的工具，也是反映人的思维特点的媒介。友善用脑强调"人脑有异，图不同一"，鼓励学生"画自己的思维导图"。概括性、有序性和形象性是友善用脑思维导图的特点。绘制友善用脑思维导图时要遵守个性化、形象化、简洁化、创新性和审美性的原则，注意抓重点、找联系、塑形象。友善用脑思维导图分为线性结构、放射结构和平面结构等几种类型，这些类型反映了思维导图制作者的思维特点。

友善用脑思维导图是在友善用脑理念指导下，根据人的认知规律，借助图像帮助人们思维或记忆，同时它也是反映人们思维特点的工具和媒介。托尼·巴赞（Tony Buzan）在20世纪60年代提出，思维导图同时运用大脑皮层的所有智能，包括词汇、图像、数字、逻辑、韵律、颜色和空间感知，帮助学生更有效地学习，更清晰地记忆。友善用脑强调尊重每个学生的生理特征，采用符合自己认知规律的方法学习，因此提出："人脑有异，图不同一"，鼓励学生"画自己的思维导图"。学习的本质是探究规律，规律是反映世界万物生生相续、更迭不已的运动发展轨迹。规律往往可以通过具体意象的描摹表现出来，《周易》上说的"观物取象""立象以尽意"，表现了思维与形象的关系，也为友善用脑思维导图奠定了坚实的理论基础。友善用脑思维导图在帮助学生记忆的同时,也在展示学生的思维特点,它同时成为老师了解学生思维特点的重要媒介。

友善用脑思维导图具有概括性、有序性、形象性的特点。林崇德教授在《智力研究新进展与我的智力观》中说:"概括是思维品质的基础。"思维品质是人的思维个性特征,任何一个学习者在制作友善用脑思维导图的过程中,首先是对所学知识进行分析、对掌握的内容进行归纳概括,概括是制作思维导图的关键一步。序列是蕴含于人类思维中的重要内在潜质,也是融于任何知识体系中的规律内核。《大学》中说:"物有本末,事有始终,知所先后,则近道矣。"事物的规律存在着"序",人的思维也存在着"序",当我们学习或把握一样事物的时候同样需要"序"。"有序"既是规律,又是探究规律的途径。有序性既表现了思维的规律,也反映了知识的体系,同时还是人类产生联想、进行记忆的基础。无论我们在制作思维导图还是在欣赏思维导图时,都应该对"有序"给予充分重视。形象性是人们探究事物规律时将其外化为形象的过程。《周易》中说:"象也者,像也。"任何人们看到的形象,都是外部事物同人的主观意念结合的产物。只有把事物内在规律外化为形象,再把把外部的形象,变为内在的"成像",才完成了对该事物把握的过程。周之良教授在总结友善用脑思维导图的特性时指出:"友善用脑思维导图具有概括性、有序性和形象性的特点。因此,在制作友善用脑思维导图时要注意抓重点、找联系、塑形象。"

绘制友善用脑思维导图首先应该遵循个性化原则。友善用脑认为：所有的学生都是天生的学习者，每个学生具有不同的认知倾向、思维类型。因此"思维导图是针对个人的"，"思维导图总结的是学生自己的想法"，画出的思维导图也是充满个性的。"老师要认识到思维导图总结的是学生自己的想法，因此不能够妄加评论。"教师只有在图中体味和理解学生的思维轨迹，赞叹和鼓励孩子的个性和创意，通过思维导图深度阅读和理解孩子，并与孩子平等交流、真诚对话。其次是形象化原则。美国科学家把人大脑中的海马功能描述为关联记忆，他们认为"关联记忆的核心思想是：高度处理过的感觉信息进入海马及其周围皮层，在此进行处理，把当前发生的事件关联在一起，导致记忆的存储。"记忆偏爱图形，关联钟情形象。在绘制友善用脑思维导图时，应该注意把学习的内容，变为生动有趣的形象，通过调动各种关联，形成记忆。制作友善用脑思维导图的过程就是梳理、迁移、升华知识、增长学习能力的过程。第三简洁化原则。制作友善用脑思维导图的目的是帮助思考和记忆，因此在画思维导图的时候，应该坚持简洁、清晰、快速、高效，把重点放在思维和记忆上，绝不能买椟还珠、舍本逐末。第四创新性原则。人们对任何事物的学习和思考，都伴随着自己的体验和感悟，而以个体社会文化积淀为基础的任何思索和心得，都是在已有基础上的飞跃。因此制作友善用脑思维导图的过程既是学习的过程，也是思索和进步的过程，更是创新和超越的过程。第五审美性原则。美育是我们教育的一个重要方面,在制作思维导图的过程中,应该引导制作者注重图的审美功能。把制作思维导图的过程变为学习者感受美、欣赏美、创造美的过程。一幅具有美感的思维导图,能够引起人的审美愉悦,使人产生快乐的情绪体验,这种快乐的情绪必然导致人的神经通路高效顺畅地传递信息,使人加速思考和记忆。

友善用脑思维导图一般分为线性结构、放射结构和平面结构,探讨友善用脑思维导图的分类方式是为了研究学生的思维规律,在解读学生思维特点的时候,深层次了解学生,更好的帮助学生。

(1)线性结构的思维导图:

线性结构的思维导图是以时间、事件、人物或知识的发展脉络为轴线,用简单符号、关键文字、色彩、图形作为记忆或思考的标识物,画出的思维导图。线性结构思维导图,适于单一线索的陈述性记忆,对于背诵英语或语文课文,描述某一历史事件或文章内容，阐述某一知识体系的发展脉络、某一有因果关联知识点的定义或起草文章前的梳理思路等十分有效。如：《项脊轩志》这张思维导图概括了主人公的一生，小屋的一世兴衰、幼时乳母的哺育之恩、母亲的款款母爱以及及冠后祖母的谆谆教导、成亲后妻子与他的伉俪情深等等都在思维导图中得到了充分的体现。线性结构的思维导图大致分为陈述式、连环式、步进式和层累式几种方式，它们在细节上虽有差别，但总体上都是按照一定顺序表现事物发展脉络。

（2）放射结构的思维导图：

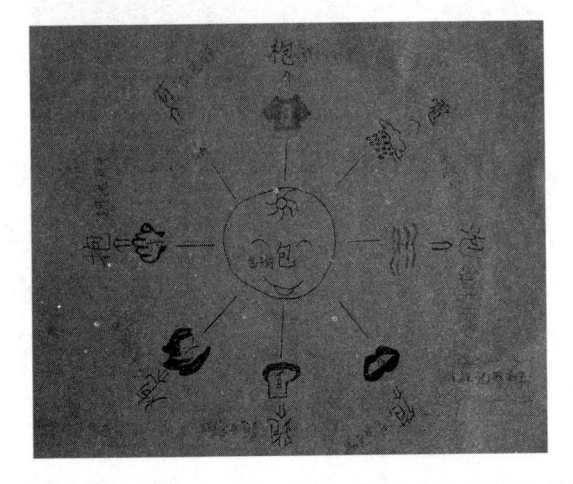

放射结构的思维导图是以某一主题或知识点为核心，用向四周发散的线条和线条上的文字、简单图形以及不同色彩，构成的一种思维导图。放射结构的思维导图分为基本式、花木虫草式、联想意向表达式。基本式是博赞发明和推行的思维导图的基本模式，正如博赞所说："你可以把思维导图和一幅城市地图相比较。你的思维导图的中心就像城市的中心，它代表你最重要的思想；从城市中心发散出来的主要街道代表你思维过程的主要想法；二级街道或分支街道代表你次一级的想法，以此类推。特殊的图像或形状代表你的兴趣点或特别有趣的想法。"放射结构的思维导图，适用于梳理以一个中心议题或以一个知识点为核心的一类问题。"'一幅图顶1,000个词汇'，它能让你节省大量的时间和精力，从记录数千个词汇的笔记中解放出来！"二年级小学生的识字思维导图《包》也采用了放射结构的基本式，把汉字"包"字放在中心，然后用放射形的线条为包字增加不同的偏旁，加提手、加火字、加三点水、加雨字、加足字等变成了不同的汉字。

（3）平面结构的思维导图：

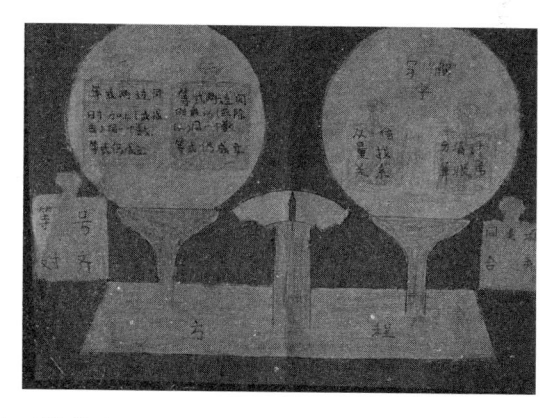

平面结构的思维导图是在一个整体画面中表达一个或几个相关主题的思维或记忆的辅助图示。平面结构的思维导

图鲜明地反映了思维和记忆的多样性,一张图中有时表现了学习者在学习某一章节或关注某一问题时思维或记忆呈现出的纷繁复杂、灵活多样的特点。《神经生物学》作者寿天德先生说过:"记忆不是单一系统,而是有着不同的类型;不同类型的记忆储存在脑的不同部位。"由于人的感觉刺激不同,存储在大脑的部位也不同,因此思考和记忆的方式也会千差万别。人在思维和记忆过程中,往往会调动各种神经去解决要思考或记忆的问题,这就使帮助思考和记忆的思维导图也变得也像人的思维一样异彩纷呈,于是平面结构的思维导图就出现了更多的表现方式。如:版图式、图解式、分解式、并列式、形象表现式、图表坐标式和综合式等。思维导图的形式千姿百态,但其帮助记忆,表现思维特征的基本功能没有变。如:Juice(果汁)这幅思维导图是三年级的孩子为记忆单词juice而画的,j被学生想象为一个吸管,u被学生想象为盛果汁的杯子,杯中的冰块ice与j、u组合成juice,合起来就是英文的果汁。孩子超凡的想象力在这幅图中表现得淋漓尽致。这幅图构思非常巧妙,创意十分新颖,它把枯燥的记忆变为快乐的学习。加上对"sun""bun""run"三个单词的联想,让人觉得它就像一首英文小诗:"太阳(sun)当头照,孩子满地跑,饥渴难耐先喝水,橘汁下肚饥肠叫,小圆面包(bun)叼一口,酒足饭饱又去跑(run)。"孩子的创造力在这首诗中得到了充分的展现。

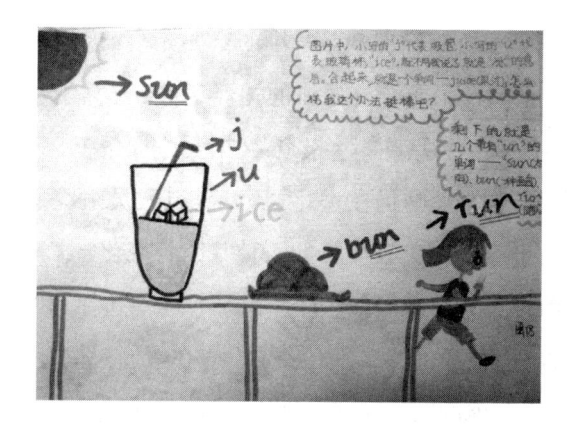

友善用脑思维导图是友善用脑教学策略中的一个广为使用、倍受欢迎的策略，也是能够给学生带来学习乐趣，使他们迅速提高学习成绩的策略。"让学生画自己的思维导图"是教师正确使用这一策略的唯一导语。

4. 友善用脑学习型功能音乐

音乐是友善用脑课堂教学中的重要元素，每个人的大脑中都蛰伏着音乐和艺术细胞，音乐能够刺激大脑皮质的活动，调节大脑功能，促进大脑和感觉器官的发育，提高人的思维能力、想象能力和记忆力，音乐还可以用作审美、移情、激发活力、锻炼、交流、认知、沉思、医疗等方面，不同的音乐对人产生不同的功用，友善用脑学习型功能音乐根据人一天中不同的生理心理周期，采用不同的音乐，调节学生学习状态、促进学生思考和记忆，提高学习成绩。

音乐是友善用脑课堂教学中的重要元素,现代科学研究证实,功能型音乐能够打通人的神经通路,提高学习效率。2005年9月9日《北京晚报》报道:"据美联社报道,一项新研究发现,人类的大脑仍在进化之中,研究人员跟踪研究了被认为是有助于控制大脑生长的两种基因的变化,这种变化在20万年前现代人出现后就一直存在。""美国芝加哥大学遗传学家布鲁斯·拉恩的这一研究成果发表在最新一期《科学》杂志上,拉恩和他的同事检查了两种基因,分别被称为微脑磷脂(micro-cephalin)和ASPM,这两种基因与大脑的大小有关。研究人员在报告中说,他们利用从不同种族的人身上提取的DNA样本鉴别每一种基因的变异情况,这种变异发生频率很高,也非常普遍。变异让一个物种迅速获得立足之地并开始繁衍。科学家发现,微脑磷脂基因发生变异是在大约37,000年前,当时正是艺术、音乐和工具制造出现的时期。而ASPM基因发生变异的时间是在大约5,800年前,基本上和书面语言的发展、农业的扩展和城市的发展处在同一时期。"拉恩说:"人类最近的基因进化在某些方面可能与文化的进化有关。"这一研究成果告诉我们,我们每个人的大脑中都蛰伏着音乐和艺术的细胞,音乐能够刺激大脑皮质的活动,并对大脑边缘系统和脑干网状结构产生直接影响,调节大脑功能,促进大脑和感觉器官的发育,提高人的思维能力和想象能力,增强和恢复记忆力,促进智力的发展和提高。

(1) 音乐、功能音乐与友善用脑学习型功能音乐音乐是通过一定的音响组合，表现人们的思想感情和生活情态的一种艺术形式，其构成要素和表现手段有旋律、节奏、和声、复调、音色、力度、速度等。虽然对音乐的解释各不相同，但是音乐对人产生的不同功效，却一直引起了世人的关注。由于音乐以声波振动的非语义性组织结构与人类的情感、意志活动直接同构对应，所以音乐中的意志表现形式起着组织与协调社会成员意志行为的作用，音乐中的情感表现形式承担着传达与交流社会成员情感体验的职能，使音乐常能在某种具体的实践活动中或具体的社会交往场合发挥某种带有实用效益的功能。

音乐作用于人类的生理、心理，其最底层的物质基础是声波对听觉器官的刺激。这种刺激引起人体内的生理反应（如呼吸、脉搏、血液成分、内分泌、脑电波的变化）以及动作、情绪的反应；在此基础上，音乐按一定的结构组织起来的乐音则以其形态样式的整体对应于社会生活的情景、民族心理的特质的显现等，导入意志行为和社会情感的轨道，并最终导入人格、情操的范畴。因此，音乐所唤起的人类理性并不停留在语言符号的、抽象的、精神性层面，如知识领域里的概念体系，道德领域里的律令训条上，而是落实到调动人的生理活动、人的物质实践层面上，它是一种充满热血激情的实践理性。除了能组织劳动，有娱乐功能，提高劳动效率外，音乐还可以用作审美、移情、激发活力、锻炼、交流、认知、沉思、医疗等方面，不同的音乐对人产生不同的功用，所以我们把能对人产生某种功用的音乐称作功能音乐。

　　友善用脑学习型功能音乐是在友善用脑理念指导下，通过调节学生学习状态、促进学生思考和记忆、提高学习成绩的音乐。克里斯蒂在新西兰友善用脑教师培训课堂上，曾经讲过美国一所学校做的实验，他们在数学课上为一组学生播放一般的音乐，另一组学生播放莫扎特音乐，还有一组不播放音乐。几个月后，播放莫扎特音乐的一组学生数学成绩明显提升，而播放一般音乐和不播放音乐的两组学生学习成绩没有变化。于是实验人员停止了在课堂上播放音乐，几个月后播放莫扎特音乐的那组学生的数学成绩又恢复了原状。研究人员探讨产生这种现象的原因，他们发现莫扎特音乐的旋律周期和人思维的周期十分吻合。以后研究者发现不仅莫扎特的音乐，巴洛克时期主要作曲家的音乐都具有这种功能。

音乐是一种动听的奇妙语言，不同的音乐对人产生不同的影响，不同的音乐适应不同时段人的思维，利用音乐的这些特点帮助学习者打通神经通路，促进学习、思考和记忆，提高学习效率，是课堂上使用友善用脑学习型功能音乐的目的。友善用脑学习型功能音乐根据人早、中、午、晚不同的生理活动规律和大脑工作特点，分为五个部分，即：清幽晨曲、清爽日风、清新午后、清灵暮雨、清朗月光。分别对应的时间是：清幽晨曲，大约适用于早晨6—10点；清爽日风，大约适用于10—13点；清新午后，大约适用于13—16点；清灵暮雨，大约适用于16—19点；清朗月光，大约适用于19—24点。清幽的早晨人的大脑并没有完全开始工作，这时大脑神经活动是不平衡的，有些神经细胞已经兴奋，有些开始兴奋，有些还处于抑制状态。神奇的音乐，能让大脑的神经细胞全部兴奋起来，帮助人们打开神经通路，达到快速高效学习的目的。人的大脑从起床开始，温度会逐渐上升，中午前后趋于缓和，这时人的记忆已经达到并逐渐走过了第二个高潮期。疲劳开始出现，学生做过健脑操和进行课间活动之后，伴着充满韵律、富有力感的音乐学习，会重新焕发他们的学习激情。午饭后人的大脑有些昏沉，可是富于震撼的音乐让你的大脑从昏沉再一次走向活跃的高峰。到了黄昏时分人的大脑温度达到最高值，这也是人的又一个学习和记忆高峰。这时看书、学习，你会感到脑子非常灵，思如泉涌。清悠舒缓充满灵性的音乐，会提高你的注意力，增强学习效率，让你的大脑如野马脱缰般飞驰狂奔！晚上是人思维活跃的另一个时期，一天紧张的学习就要结束，你的心情开始舒缓放松，压力也在减轻，这时人们又迎来了学习的一个好时机。轻柔飘逸的音乐在舒缓的节奏伴随下，给你带来种种惬意，让你的神经通路高速传递信息，让你的学习也有更大的收获！友善用脑学习性功能音乐是友善用脑实验中课题组根据新西兰教育家克里斯蒂·沃德精选的79首世界经典名曲，在38所学校500名教师学生中进行了实验。实验人员用特定的音乐、在特定的时段以特定的方式来播放，检验是否可以加快受试者（学生和老师）学习思考的速度，然后再请他们写下自己的感受。课题组将受试者给予肯定的曲目，依据一定的原则，编辑了友善用脑音乐磁带。课题组确定的编辑原则是：（一）选取有利身心健康，使人感到舒适平缓的音乐；（二）依据"音乐耐受力"只能持续30分钟左右的原理，长短适宜，力求避免听者产生烦躁感；（三）根据人在一天中会出现不同的生理曲线的特点，选取与人生理节奏接近的曲目；（四）采用高低起伏、抑扬顿挫、松弛结合、长短搭配的方法，让音乐产生特定功效，提高人们学习和思考的效率。友善用脑学习性功能音乐最早出版的是录音磁带，很快就销售一空。根据友善用脑实验老师们的要求，我们又出版了《友善用脑学习型功能软件》，这套软件具有根据时间自动播放对应音乐的功能，在课堂上或学生学习过程中自动选择相应音乐辅助学生学习。

（2）友善用脑学习性功能音乐的作用

在友善用脑的课堂上，音乐成为教学的工具和手段，成为学生学习的朋友和帮手。美国心理学家查尔斯·埃默里说："音乐能够通过人脑中的神经传导路影响人的认知功能。"在课堂上也是如此，比如学生刚刚做完剧烈活动，上完大课间或者体育课，学生的心情很难迅速平静下来，那么播放一些与心跳同速（每分钟60拍）的音乐，能使学生很快平静；如果需要学生发言或讨论可以放一些进行曲；如果需要学生思考问题，可以放些莫扎特或巴洛克时期的音乐。友善用脑把音乐引入课堂，引入学生的学习过程，不但促进了学生的学习，而且陶冶了学生的情操，涵育了学生的品格。但是使用音乐必须注意，摇滚乐和流行乐是不能在课堂上使用的，因为摇滚乐和流行音乐（如重金属音乐等）刺激的大脑区域，不但不利于学生学习，而且能够使一些青年人走上吸毒、强奸的犯罪道路。据专业人士研究摇滚乐等流行音乐刺激人的大脑区域与性区域是同一区域。会用音乐、慎用音乐、用好音乐是友善用脑教师必备的一项基本功。几年来在友善用脑实验课堂中，老师们根据音乐能够调节人的思维帮助学生记忆的特点，总结出了几种课堂中使用音乐的方法，老师们不断把这些方法与课堂教学实际结合，收到了很好的效果。

第一，把音乐作为促进学生思考、帮助学生记忆的工具。促进学生思考一般采用《友善用脑学习型功能音乐软件》中的曲目，在学生上课时、做作业或思考研讨时，根据时间播放相应的音乐。帮助学生记忆则需要老师根据要求学生记忆的内容，选取适当的曲目，让学生把记忆内容和音乐联系起来，使学生听到音乐就想到了相应的内容。比如：北京海淀实验中学的张荷老师采用主题音乐，让学生一听到音乐就能回忆起知识点。张老师是一位历史教师，学生在复习建国前后这段历史知识时，由于内容多、知识碎，而且离学生的生活又远，学生只好强行记忆，但往往记不住。张老师利用了音乐能够帮助人记忆的特点，选用了《你还记得吗？》这首歌的主题音乐，反反复复播放，"你还记得吗，长江滚滚，嘉陵悠悠，青山遮在夕阳下。你还记得吗，长江滚滚，嘉陵悠悠，青山遮在夕阳下。"总是一种不变的节奏，很简单的旋律，低低地、轻轻地回荡在课堂上，好似永远延续下去，把学生带入建国前后中国的情境中。让学生耳畔响起这首动听的乐曲就想起了这一段历史，把人民解放军追歼残敌、反特等知识联系起来固化，从而达到更好的巩固复习目的。当学生需要回答这个问题时就会想到这个特定的主题音乐，进而回忆起知识点。音乐让学生产生了一定的联想，进而形成意象，对于提高记忆力，提高学习效率无疑有着积极的意义。张老师的做法就是选用了与知识点相适应的音乐反复播放，使学生在记忆中产生联想，在联想中深化记忆。

老师们应该注意，在选用歌曲的主题旋律时只放音乐不放歌词，因为歌词容易转移学生的注意力，把学生带到学习以外的联想中，这一点是应该特别强调和引起老师们高度重视的。

第二，把音乐作为课堂教学管理和调整学生学习状态的手段。音乐能调整人的情绪，在课堂教学中它也可以成为管理学生的手段。在友善用脑实验校中很多学校的老师在学生讨论问题时，都会播放音乐，而当音乐停止的时候，学生们知道老师要进行新的内容了。久而久之老师把播放音乐和停止音乐作为自己课堂管理的手段，省去了很多不必要的语言，节省了课堂时间。北京一所中学的一位体育老师，上课之前安排班里见习生放音乐，上课铃声刚刚响起老师换了一段解放军集合的军号曲，没用更多的提醒，学生们就快速、安静地站到指定地点等待老师上课。看到集合好的队伍老师的心中暗自高兴，平时集合速度慢，还有的同学在队伍中说话，高亢嘹亮的军号声代替了习以为常的哨声和教师的喊声，学生们听到音乐之后马上会产生一种积极紧张的感觉，音乐的作用已经慢慢体现出来了。简短的准备活动之后，老师把同学们分成4组进行背跃式跳高弧线助跑的小组练习，在此基础上开始这节课的重点动作起跳练习。在练习的过程中老师和同学们一起进行小组讨论、分析、总结背跃式助跑起跳的技术要领，最后通过反复练习、小组讨论、动作展示等教学环节，大家一起总结出动作的技术要领：一跳、两摆、三旋起。在整个练习的过程中老师用莫扎特的钢琴协奏曲作为练习的背景，刚开始同学们还有一些不适应，感觉很新奇，但是慢慢地大家随着音乐的节奏快乐地进行起跳练习，老师这时知道学生们已经在练习的同时享受着音乐，尤其是在分组讨论的时候，音乐明快的节奏似乎正在帮助同学们一起思考，一起梳理思路。这位老师就是用音乐作为课堂教学和管理的手段，提高课堂学习效率。

老师们在课堂教学过程中，难免遇到一些突发事情，特别是在一些特殊学校中，这类事情时有发生。一天北京某工读学校的一位老师拿着课本准备上课，当她走进教室时发现两个学生扭打起来，其他孩子围在旁边起哄，上课铃响了，没有人在意。按照常规这位老师应该用拉架或训斥的方法平息事件，此时老师想到了友善用脑中音乐的作用，于是她轻快的打开所有的窗户，让温暖的阳光、清新的空气瞬间充满教室。紧接着这位老师走上讲台打开多媒体设施，将音量调大，并播放一段舒缓轻柔的音乐。慢慢地，围观的学生回到了座位上，两个打架的学生也停止了争斗，嘈杂的声音降低了，老师随即将音量调低，拿起粉笔，在黑板上写下这样的话：

亲爱的同学们，你们伤心过吗？为什么？

你们高兴过吗？为什么？

什么是感情？谁来告诉我？

如果我们错过了太阳，还能错过月亮吗？

同学们彻底静下来了。老师换上了另外一首音乐，在音乐声中，她开始了讲课。工读的孩子存在着这样或那样的学习障碍，如何缓解他们心头的学习压力？加强学生的课堂管理？一直是工读老师探讨的问题，把音乐作为课堂教学管理的一个手段是工读学校老师在友善用脑课题研究中尝试的做法，这种做法收到了很好的效果。

总之，音乐作为教师课堂教学的手段和工具，能够给老师带来很多欣喜，给学生带来很多愉快，希望各位老师能够认真领略学习型功能音乐的精髓，积极探究，大胆实践，不断创造出更多的课堂教学奇迹。

5. 友善用脑健脑操

保罗·丹尼森的健脑操通过交叉、补氧运动，帮助学习者进行身体、神经和大脑的调节与放松。我们根据中国的实际情况，聘请医学专家、教育专家、体育专家进行咨询指导，在参考保罗·丹尼森推广的健脑操的基础上，结合中国传统医学的经络理论和养生原理，设计出更加符合中国国情的友善用脑系列健脑操。友善用脑系列健脑操包括阳光健脑操、旗语健脑操、摩尔斯码健脑操、手指健脑操和中医健脑操等。友善用脑健脑操能够为学生减压补氧，提高学习效率，还能帮助学生养成护脑、健脑的好习惯。

友善用脑健脑操是在课堂上和学生学习过程中，调节学生学习状态，缓解学生学习压力，促进大脑神经递质增长，保持大脑神经通路顺畅的护脑、健脑体操。医学专家认为脑与五官及脏腑、全身经络相通，五官的视、嗅、听、味、说的功能全归脑主管，眼、耳、鼻、舌、口及四肢等感官受到外界刺激反映到大脑中，大脑作出相应的反应，调节全身的脏器和肢体。因此大脑对我们的感知、认知功能有着重要的作用。健脑操通过肢体活动，影响和调整大脑的工作状态。

(1) 友善用脑健脑操的产生和发展

克里斯蒂·沃德在她的《学会学习》一书引用了保罗·丹尼森博士的健脑操，保罗·丹尼森博士说："健脑操是一种教育模型，它跟脑神经学不一样，并不是基于脑神经系统的证据的。我们不承诺修正或改变脑袋，只强调通过有意识的身体运动，促进学习。"健脑操（Brain Gym®）于一九六九年通过对教育学、心理学、脑功能学、肌肉运动学、运动机制学（Kinesiology）等多个学科的研究与东方医学、瑜伽、神经语言程式学等结合编创了三组共二十六式健脑操。健脑操的科学原理是通过身体动作，有系统地刺激大脑不同部分的联结及整合，使脑部活动更加积极，从而提升大脑的运作水平和个人的学习能力。常做健脑操，可以达到开启智慧、增加神经网络功能的效果。保罗·丹尼森的健脑操主要通过交叉运动、补氧活动、伸展运动及兴奋运动等身体动作帮助学习者进行身体、神经和大脑活动的调节与放松。

保罗·丹尼森的健脑操虽然依据了人的生理机能，也吸纳了一些东方医学的元素，但是由于文化的差异，对于中医经络、穴位等学说没有采纳，不能不说这是他健脑操的一个缺憾。友善用脑课题组保留了保罗·丹尼森健脑操的基本原理，同时结合中国传统医学和民间手指运动的部分内容，开发研制出了《友善用脑系列健脑操》，友善用脑系列健脑操是把补氧、交叉的原理运用于阳光健脑操、旗语健脑操、摩尔斯码健脑操、手指健脑操中，结合教学实际编制学生喜爱的课堂使用的健脑活动，为了保证这些活动的科学性，我们聘请了医学、教育学、体育学专家进行咨询指导，同时我们还与北京针灸学会合作，结合中国传统医学的经络理论和养生原理，设计出更加符合中国国情的友善用脑中医健脑操。

友善用脑健脑操基于脑科学理论，配合饮水使大脑达到电平衡，用深呼吸给大脑充分供氧，采用交叉运动、伸展运动、手指操等动作形式刺激大脑，有效保持大脑的氧气和其他有益化学物质的供应，加强大脑两侧半球的联系，以增强人的记忆力，更多地发挥大脑潜能，提高学习和工作效率。在学习和工作过程中常做友善用脑健脑操,是进行自我保健、自我减压、提高效率的一剂良方。

(2)友善用脑系列健脑操介绍

保罗·丹尼森健脑操的主要特点是通过"交叉运动"和"补氧活动"对人大脑机制产生积极的调节作用,在他编排的健脑操中注意协调左右脑,提高大脑工作效率。左右肢体的交替运动、在空中画"8"字,都成为他的健脑操的主要动作。由于形象思维和逻辑思维由不同的大脑半球主控,因此交叉运动可以很好地促进这两种思维形式的结合。交叉运动经常在教学过程中使用,对学生的学习确有促进作用。保罗·丹尼森的健脑操中也有一些"伸展运动",包括交叉两脚做俯背动作、扭转颈部、单腿屈膝推挤墙面等,这些动作可以缓解学生学习中的紧张情绪,减轻学习压力,激发学习热情。充分地舒展身体能有效地释放压力,增加大脑的补氧。保罗·丹尼森注重了人生理特征的研究,利用人的肢体活动调节人的大脑机能。其实对人体健康的研究,中国传统医学中有很多深奥成熟的理论和方法,友善用脑课题组在吸纳保罗·丹尼森的合理因素的同时,没有拘泥于他的研究范围和成果,而是根据中国的实际,进行了大胆结合和积极创新。比如我们根据小学生的生活特点,和"交叉"和"补氧"的动作要领,设计开发了"阳光体操",这是由北京海淀区永泰小学和南京江宁东山小学的老师分别编制自创的,得到了专家的认可。在课堂教学实践中,也很受学生欢迎。2008年汶川地震，顷刻间一切现代的通信设施都丧失了功能，传统的通信成为了必不可少的方式。于是我们把"交叉"和"补氧"的特点与海军旗语结合起来，编制出了友善用脑健脑操中的旗语操。交叉动作缓解了学生大脑的疲劳，大幅度地挥动手臂增加了学生的大脑补氧，学生学起来饶有兴趣，而且掌握了旗语通信的技能。手指是人学习的主要器官，现代医学证实了"心灵手巧"的科学性，告诉我们手指的活动能够促进人的微循环，对于开发大脑有很大的促进作用，于是我们又根据通讯中的摩尔斯码，开发研制了友善用脑健脑操手指操中的摩尔斯电码操。我们还聘请北京针灸学会的专家，特意为学生编制了友善用脑中医健脑操。

①友善用脑阳光体操

根据科学研究，一个成年人连续性的精力集中超不过15分钟，10岁的孩子超不过10分钟，6岁的孩子不超过6分钟。在日常的学习过程中，能否有效地运用课上的40或45分钟，就需要通过不断地活动来促进脑部的活跃来实现。

"阳光体操"由北京市海淀区永泰小学设计编排。他们参照《友善用脑加速学习新方法》一书中提到的友善用脑健脑操的基本原理，同时结合了孩子的基本特征，设计了一套简单、易行的阳光体操。南京江宁东山小学也结合课堂教学实际编制了课堂上的"阳光健脑操"，这些操是所以称为"阳光健脑操"，是因为这些操表现了孩子天真、活泼、纯洁、阳光的特征，符合小学生的生理心理的发育状况，符合课堂教学实际，很容易被孩子接受，也能够广泛地应用到课堂教学中。这些操来自于老师们的原创，在动作中交叉、补氧的基本要领，又与孩子的特性连在一起，既有健脑减压的作用，又有强体美育的功能，深受老师和孩子们的喜爱。

②友善用脑旗语操

旗语是世界各国海军通用的语言。这里说的旗语是指手旗旗语。手旗是一种方形旗，面积较小，根部套有一根木棍。手旗通信需要使用两面旗子，信号兵每手各持一面旗子，站在舷边较高或较突出的部位，通过旗子相对于身体的不同位置，表达着不同的字母和符号。例如，左手垂直举起，右手平行伸出表示"P"。右手垂直举起、左手平行伸出表示"J"。两手平行伸出表示"R"。两手垂直举起表示隔音。几个拼音字母组成一个字，若干个字组成一个意思。在旗语兵打旗语的过程中，经常要有交叉、舒展的动作，这与健脑操中的交叉、补氧完全吻合。让孩子在缓解疲劳，放松心情的同时学习一种在大灾大难面前，当一切高科技的设备都失效时，最为有效的沟通联络方式。2008年汶川地震人与人的交流只能回归到人类最原始的声、形、光这些最直接、最原始的方式上去。学生在掌握现代通信方式的同时，也有必要了解和把握传统的通信手段。我们本着这样一个理念将旗语简化演变成友善用脑旗语操。这套健脑操的好处在于：一是通过运用身体动作组成字母和单词，让大脑迅速地进行反应，转换成相对应的意思，锻炼大脑的反应能力；二是运用双臂的摆动进行补氧活动，当手臂经过身体中线时形成"交叉"。学生学习在健脑的同时，也学习了一门生存的技能，非常符合友善用脑理念。

旗语主要动作如下：

学生们学习了这些基本动作，可以用英语或汉语拼音表示出不同的意思，既是课中的游戏，又可以成为与课堂教学内容紧密联系的教学活动。比如英语课上可以用旗语打出需要背诵的单词，文史课可以打出需要记忆的知识点的关键词等。这样的学习学生不但不会感到疲劳，而且还会兴趣盎然。既舒缓了压力、减轻了疲劳，又巩固了知识、增加了兴趣，一个活动多重收获。

③友善用脑摩尔斯电码操

俗话说十指连心，中医理论认为人体是个整体，手的功能直接反映大脑的状况，大脑的问题在手中也能反映出来，很多脑神经方面的疾病，都能从手掌中反映出来。根据研究，当手指从事较简单的活动时，脑供血增加10%；当手指从事较复杂的活动时，脑供血增加35%。手指操可让我们获得比平时多出三分之一的脑供血，再配合比较深长的深呼吸，为大脑输送更多的氧气，相当于为大脑提供了充足的动力系统，可以有效地延长大脑最佳的工作时间。为此，我们设计开发出摩尔斯电码手指操和友善用脑手指操。

摩尔斯电码是一种时通时断的信号代码，通过不同的排列顺序来表达不同的英文字母、数字和标点符号。它是一种早期的数字化通信形式，但又不同于现代只使用0和1两种状态的二进位代码，摩尔斯电码用两种"符号"用来表示字元：点和划，或叫滴（Dit）和答（Dah）。"–"表示划，"*"表示点，在友善用脑摩尔斯码健脑操中"点"用手指的指尖敲击桌子，

"滴"双手拍击手掌。当指尖敲击桌面时,刺激手指的微循环,当双手击掌时,形成了交叉。摩尔斯电码健脑操将通过这样的动作达到放松大脑的目的。在课堂上老师还可以让学生用英文或拼音表达一些积极向上的口号,同时也可以用摩尔斯码操复习英语或知识要点,不但调整了学生的学习状态,也提高了学生学习热情,促进了课堂教学。

下面是摩尔斯电码所代表的字母和数字:

英文字母摩尔斯码表示一览表

字符	电码符号	字符	电码符号	字符	电码符号	字符	电码符号
A	. -	B	- . . .	C	- . - .	D	- . .
E	.	F	. . - .	G	- - .	H	. . . .
I	. .	J	. - - -	K	- . -	L	. - . .
M	- -	N	- .	O	- - -	P	. - - .
Q	- - . -	R	. - .	S	. . .	T	-
U	. . -	V	. . . -	W	. - -	X	- . . -
Y	- . - -	Z	- - . .				

数字摩尔斯码表示一览表

字符	电码符号	字符	电码符号	字符	电码符号	字符	电码符号
0	—	1	● —	2	● ● —	3	● —
4	● ● ● —	5	● ● ●	6	— ● ● ●	7	— — ●
8	— ● ●	9	— ●				

有一些字母或字母组合是常用的通勤用语,这是有特殊意义的点划组合。它们由二个字母的摩尔斯电码连成一个使用,这样可以省去正常时把它们作为两个字母发送所必需的中

间间隔时间。

　　AR　　"*–*–*"　　停止（消息结束）

　　AS　　"*–***"　　等待

　　K　　 "–*–"　　　请回答

　　SK　　"***–*–"　　终止（联络结束）

　　BT　　"–***–"　　开始符号

摩尔斯码操和旗语操一样，在学生未来生活中，特别是突发事件中能够发挥重大作用。比如发生地震或到山区旅游，夜里可以用手电通过光闪的长短对外或彼此联系。

④友善用脑手指操

人体的每一块肌肉在大脑层中都有着相应的神经中枢，其中手指运动中枢在大脑皮层中所占的区域最广泛，所以手的动作，特别是手指的动作，越复杂、越精巧、越娴熟，就越能在大脑皮层建立更多的神经联系，从而使大脑变得更聪明。因此，训练孩子手的技能，对于开发智力十分重要。自然而然地，双手就成了大脑的"老师"。陶行知先生曾经提出"解放孩子的双手"是有深刻的科学道理的。

民间医学从多年的研究中发现，手指对于人的健康起到了十分重要的作用，手指操能起到消除疲劳、减轻精神负担、缓解紧张情绪的神奇功效。每个人的10个手指都对应着身体的某个部分，并起到调节和梳理的作用。经常活动手指来刺激大脑，可以延缓脑细胞的衰老，改善记忆力、思维能力，手指操有益于左右脑协调。

A. 凯勒手指旋转法：伸出双手，五指指尖相对，成空心圆球状，然后，对应手指逐一逆向旋转，从大拇指到小指，各进行10次，速度能快尽量快。尽量保持手的圆球状，手指不能相碰。熟练后还可反向和闭目练习。

B. 对接手指：两手大拇指轮流对接另一只手，其他手指循环往复，越快越好。

C. 编手指：左手四指并紧，右手拇指始终在左手拇指下，右手各指与左手编织在一起，先使右手的第三和第五指在上，二和四指在下，然后迅速换至二、四指在上，三、五指在下。熟练后可换手。

D. 并手指：各指并拢，先使第三和第四指分开，再并拢使二、三和四、五指分开。分别练习熟练后，再合成练习。

E. 五指曲张：五指伸展。拇指的第一和第二关节，其余各指的第二和第三关节弯曲成九十度。熟练后可增加转手臂动作。

F. 出手指：双手握拳，手心面向自己。左手的大拇指与右手的小指一起伸出、收回，然后左手的小指与右手的大拇指一起伸出、收回。伴着8拍节拍，使之有节奏感，越快越好。

G. 敲手指：食指与中指放在桌面，然后迅速换成中指和无名指，采用8拍节奏，交替练习，可在协调左右脑的同时提高反应速度。

H. 打枪：先将右手的大拇指和食指伸出，其他手指握紧，表示一把手枪，左手只伸出食指表示数字1；然后换手，左手的大拇指和食指伸出,其他手指握紧表示手枪,右手伸出食指和中指表示数字2,以此类推到10。

Ⅰ.阿拉伯计算法:伸出一手,拇指代表1,食指代表2,中指代表4,无名指代表8,小指代表16。弯曲手指即代表相应的数字。大拇指弯曲表示1;大拇指和食指一起弯曲表示3,以此类推,从1数到30。熟练后可增加到100。

⑤中医健脑操

友善用脑中医健脑操是北京市学习科学学会与北京市针灸学会为了缓解学生学习压力、调节学生学习状态,联合开发的护脑、健脑操,这套操依据中医经络养生原理,结合学生生理心理特点和学生课堂实际,利用对中医穴位的揉、按、摩、压等方法产生刺激,对经络和大脑施加影响,促进气血循环,消解疲劳,护脑健脑。这套操根据学生的生理状况分为小学低年级、中年级、高年级和初中高中四套。

1—2年级儿童生理特征:脑及神经系统发育迅速,对外界事物好奇、敏感,学习能力强,这个阶段是开始学习听、说、读、写的关键时期。适用穴位:百会、睛明、耳门、听宫、听会、哑门。

功用:健脑开窍,聪耳明目。百会穴为人体的巅顶位置,中医认为是"头为诸阳之会",刺激百会穴可以引导阳气上升,濡养脑海,起到健脑开窍,开发智力的作用;睛明穴在眼内角,中医认为可以防治一切眼睛疾患,有效防止儿童在读书期间因不良的用眼习惯导致的视疲劳和假性近视等问题;耳门、听宫、听会在耳前,防治耳朵相关疾患,低年级儿童的学习生活环境难免嘈杂热闹,刺激这三个穴位,可以活跃耳朵的气血,防止听觉疲劳;哑门在脑后,中医认为此穴有开音利舌窍之功用,可以灵活口齿发音。诸穴合用,有利于刚进入小学的孩子们的智力发育,增强听、说、读、写能力。

A. 友善用脑1—2年级中医健脑操的基本动作:

点按百会穴:右手食指和中指并拢,用两指的指腹按在穴位上,其余手指自然握起,有节奏地环旋按压穴位,做四个八拍。

揉按睛明穴:用双手食指指腹分别按在两侧穴位上,其余手指自然握起,有节奏地上下按压穴位,做四个八拍。

揉按哑门穴:右手食指和中指并拢,用两指的指腹按在穴位上,其余手指自然握起,有节奏地环旋按压穴位,做四个八拍。

推按耳三穴:双手除大拇指以外的四指自然并拢轻轻按压在头部两侧,大拇指在耳前上下推按穴位,一个八拍往复两次,做四个八拍。

使用音乐:建议使用古筝曲《高山流水》。

3—4年级学生理特征:脑及神经系统容易兴奋,爱说爱闹,学习能力增强,学习过程中注意力易分散,大脑容易疲劳。

适用穴位:百会、睛明、印堂、率谷、角孙。

功用:健脑开窍,醒神明目。印堂在眉心的位置,中医认为这个穴位对于人的神志有调节功能，中年级的儿童课业有所增加，接触各种新奇的事物，对外界充满着好奇心，因此专注力不足，学习时注意力易分散，刺激印堂穴可以凝聚精神，使活跃的大脑得以安静思维；率谷、角孙两穴在头部两侧，它们同样可以改善头部气血，使紧张的大脑得以放松，与前三节操配合运用，从头顶、前额、双侧多角度改善头部气血，共奏奇效。

B. 友善用脑3—4年级中医健脑操基本动作：

揉按百会穴：右手食指和中指并拢，用两指的指腹按在穴位上，其余手指自然握起，有节奏地环旋按压穴位，做四个八拍。

揉按睛明穴：用双手食指指腹分别按在两侧穴位上，其余手指自然握起，有节奏地上下按压穴位，做四个八拍。

挤按印堂穴：用右手拇指和食指相对用力，挤压穴位，做四个八拍。

揉按率谷角孙穴：双手食指和中指微微分开，用两指的指腹分别按在两侧穴位上，其余三指自然握起。有节奏地环旋按压穴位，做四个八拍。

使用音乐：建议使用古筝曲《高山流水》。

5—6年级学生理特征：大脑发育逐渐成熟，理解力提升，思维敏锐，由于大信息量的涌入，这个阶段大脑过于亢奋，需要付出更多精力。

适用穴位：百会、睛明、太阳、局部阿是穴。

功用：健脑开窍，明目增智。高年级的儿童课业较多，长时间的思考使得大脑过度兴奋，加重了大脑的疲劳。太阳穴在头两侧，可以调理头部气血，缓解大脑紧张情绪。干梳头的操作可以刺激头部诸多穴位，改善头部经络的气血运行，使得气血可以濡养头脑，令紧张的头皮得以放松，全方位的保护大脑。

C. 友善用脑5—6年级中医健脑操基本动作：

揉按百会穴：右手食指和中指并拢，用两指的指腹按在穴位上，其余手指自然握起，有节奏地环旋按压穴位，做四个八拍。

揉按睛明穴：用双手食指指腹分别按在两侧穴位上，其余手指自然握起，有节奏地上下按压穴位，做四个八拍。

揉按太阳穴：双手食指和中指并拢，用两指的指腹分别按在两侧穴位上，其余三指自然握起。有节奏地环旋按压穴位，做四个八拍。

干梳头：双手十指微曲，从前至后做梳头动作，做四个八拍。

使用音乐：建议使用古筝曲《高山流水》。

初、高中学生理特征：大脑发育趋于稳定，智力成熟，随着课业增多和学习竞争激烈，大脑负担加重，睡眠时间减少，容易精神紧张和情绪不稳定。

适用穴位：百会、睛明、风池、神庭、本神、头维。

功用：醒脑明目，提神减压。百会穴和睛明穴是健脑、明目的两个重要穴位，贯穿于四套操中，因为在孩子成长与学习期间，大脑发育日渐成熟，此外用眼过度不能避免，因此强健大脑、开发智慧、保护视力是一个永恒的主题。风池穴在脑后，刺激这个穴位可以提神减压，对于升入中学后，学习压力增大、竞争激烈、睡眠减少的初、高中生来说再适合不过，它可以帮助缓解头部昏沉或困重的感觉，同时还有改善用眼过度的功效；神庭、本神、头维在额部，中医认为可以调节神志、凝聚精神，使孩子们得以放松情绪，集中精神面对繁重的课业。

D. 友善用脑初高中中医健脑操基本动作：

点按百会穴：右手食指和中指并拢，用两指的指腹按在穴位上，其余手指自然握起，有节奏地环旋按压穴位，做四个八拍。

揉按睛明穴：用双手食指指腹分别按在两侧穴位上，其余手指自然握起，有节奏地上下按压穴位，做四个八拍。

揉按风池穴：双手食指和中指并拢，用两指的指腹分别按在两侧穴位上，其余三指自然握起。有节奏地环旋按压穴位，做四个八拍。

按头维穴刮发迹：用双手大拇指的指腹分别按压在两侧头维穴上，其余手指自然放松，弯曲。大拇指不动，用双手食指的第二个关节内侧，稍加用力从额正中发际线刮至额角，一个八拍往复两次，做四个八拍。

使用音乐：建议使用古筝曲《高山流水》。

E. 友善用脑中医健脑操注意事项：

a. 健脑操需经常操练，做到动作准确，并持之以恒。

b. 一般每天可做二次，上下午各一次。

c. 手部要保持清洁，常剪指甲。

d. 闭目放松。

e. 找准穴位，手法正确，节奏协调，力度适中。

友善用脑中医健脑操将由人民卫生出版社出版专门书籍，该书详细介绍了中医健脑操的原理、具体做法和穴位的准确位置。这套操由专家编制之后，还要在学校中实验检测，根据检测结构进行必要的调整，本书只是作为一般性介绍，有关具体问题和做法以《友善用脑青少年中医健脑操》介绍为准。

(3) 友善用脑健脑操的作用

① 为学生学习和工作减压、补氧

压力是环境因素给人们造成的一种紧张感。过度的学习和工作压力会造成高血压、心悸，工作满意度下降、烦躁、焦虑、忧愁，以及学习和工作效率降低。科学研究表明如长时间处于同一坐姿，大脑的摄氧量会逐渐减少，大脑缺氧的实质性表现为注意力难以集中，脑功能下降。目前已有的健脑操身体动作活动幅度大、场地需求大，因此不适合学生和普通白领工作者随时随地操作。针对这种情况，友善用脑健脑操的动作设计充分考虑到学生和工作者的实际情况，采用动作幅度不大、占地小的活动，通过有节奏的运动促进脑部血液循环，改善大脑皮层细胞功能，达到增进记忆力、减轻压力、消除紧张、提高工作效率的目的。

②提学习效率和工作人员的工作效率

对于孩子来说，友善用脑健脑操可以起到促进左右大脑沟通协同的作用，提升学习者的注意力，达到缓解紧张情绪、促进思考、焕发活力、激发学习和工作热情的目的。很多老师通过教学实践感受到：当学生静静地坐在那里，低头看着课业或盯着电脑屏幕听别人讲话的时候，良好的大脑工作状况就会迅速消失。这是因为，一动不动地坐着会造成呼吸不完全，从而使大脑供氧量下降；当身体和眼睛的活动被限制时，电化学在大脑中的反应也会受影响。学生的注意力就会下降，分神厌烦的可能性就会增加。所以，在课堂上和工作场所运用友善用脑健脑操，使学生和工作人员的四肢、手指等部位适当地运动起来，可以促进学生的呼吸加深，提高大脑供氧量。有助于能量的转换和减少引起压力的化学物质，从而产生有助于学习的神经递质。

③养成护脑、健脑的好习惯

对于人类来说，尽管老年痴呆等智力衰退疾病产生的原因还不甚明了，但护脑、健脑却是人类已经注意的一个话题了。友善用脑健脑操有助于人们养成健脑护脑的好习惯，有助于提高人的认知能力和反应能力。

我们在几年的友善用脑健脑操实践中，收到了很好的效果，受到了学生和老师的欢迎，北京一位参加友善用脑实验的老师在课堂上经过一年的实践，我们发现"健脑操"的使用使一个看似不能成立的数学公式得以成立：40—10＞40，即在40分钟的课堂教学时间中，若穿插进行10分钟的健脑操，将使学生的学习兴趣和学习效率大大提高，从而超越40分钟"满堂灌"式教学所创造的价值。实践证明，运动对于缓解大脑疲劳，增加大脑的学习和工作活力具有巨大的促进作用。

友善用脑系列健脑操抓住了运动能够减轻人压力，改善人思维的特点，坚持了保罗·丹尼森的"交叉"和"补氧"的基本活动要领，用"百花齐放"的态度和科学实用的原则，创编了"阳光健脑操""旗语健脑操""摩尔斯码健脑操""手指健脑操"，特别是与北京针灸学会的专家们一起合作，传承中国传统医学的精髓，结合中国青少年身心发展的实际，直面青少年学习当中的具体问题，研制开发了《友善用脑中医健脑操》。这些操对于改善学生学习状况，调整学生学习状态，提高学生学习效率，必将产生巨大的影响。对于保证青少年身心健康，在青少年当中树立护脑、健脑的意识必将产生积极作用！当然，友善用脑系列健脑操自身也存在着一个发展完善的问题，我们相信在广大师生的积极参与和支持下，在各界专家的悉心指导下，友善用脑系列健脑操必将越来越科学、越来越完善、越来越普及。

6. 冥想

冥想，是人的一种意识状态。冥想一词就来源于梵文的dhyana，在古代把这个词翻译成"禅"。参禅的过程就是人学习的过程，老师讲的知识再精彩，没有学生的领悟，也不能落实到学生的头脑中。冥想是课堂教学的重要手段，教师在课堂上实施冥想，要烘托氛围、保证质量、外化成果，让学生通过获得深度的宁静状态提高思维品质。

冥想（meditation）是一种改变意识的形式，它通过获得深度的宁静状态而增强思维品质。罗扎诺夫曾经用冥想的方式开展加速外语学习的实验，取得了很大的成功，课堂上使用冥想，能够促进学生自主学习，提高学习效率。

（1）什么是冥想？

冥想，是人的一种意识状态。冥想一词就来源于梵文的dhyana，在古代把这个词翻译成"禅"，"禅"字在《现代汉语词典》中被解释为"佛教用语，指排除杂念"。在中国佛教发展史中，"禅"形成了一个流派。梁启超在《两千五百年儒学变迁概略（上）》一书中说："从前学佛，要诵经典。现在的《大藏经》有七千卷，在唐时，约六千卷。经典既浩繁，解释又琐碎，后来许多人，厌恶读经典，禅宗六祖慧能出，主张顿悟，不落言诠，很投合一般人的心理。""慧能的'即心是佛'，这种主张，算是一种大革命。"梁启超在《中国佛法兴衰沿革说略》中又说："此诸宗皆盛于唐，而其传最广而其流最长者，则'禅宗'也"，"'禅宗'，亦称'心宗'"。禅宗起源于南北朝时期，盛于唐朝。东土五世祖弘忍，有众僧700多人，神秀是他最好的学生，"学通内外，众所宗仰"。慧能不识字，在寺里做杂役。有一天弘忍对众僧说："正法难解，不可徒记吾言，持为己任。汝等各自随意述一偈，若语意冥符，则衣法皆付。"弘忍的意思是：真正的法很难捕捉到，你们不能死记师傅的话，作为自己的理解。你们各自随意写一个偈，谁写的大意符合佛祖的意思，我就把袈裟和法印交给他。神秀写了一偈："身是菩提树，心如明镜台，时时勤拂拭，莫使惹尘埃。"慧能也写了一偈："菩提本无树，明镜亦非台，本来无一物，何处惹尘埃？"弘忍看到这一偈，便把袈裟和法印交给了慧能，慧能成了东土六祖。他的"自性含万法"，"顿悟"即成佛的思想，使禅宗成为诸宗中"其传最广而其流最长者"。禅，让人反求诸己，扪心顿悟。

"顿悟"在《认知神经科学》中被解释为"高级的问题解决行为是基于一种对于问题情境的全新的思考和把握，是一个'突变'的过程，而非'渐变'的过程。""但顿悟时问题表征方式的转换并不是轻易就可以实现的，人们在顿悟中所克服的思维障碍有别于他们在解决常规问题时所遇到的障碍，需要一个知识组块的破解过程，顿悟才能实现。"认知神经科学中理解的顿悟，与佛教禅中理解的顿悟完全一致，都是一个"对于问题情境全新的思考和把握"，产生"突变"的过程。在这个过程中，心无旁骛、排除杂念地"思考和把握"，是至关重要的。可见，冥想就是人们排除杂念、扪心"顿悟"的过程。

禅直指人心，见性成佛，以心印心，离开言说。言说不能表达禅，勉强用言说表达，也不是真禅。一般世间上的学问知识，是从分别知见上去了解的，而禅宗所追求的，是一种超越的境界。禅宗往往只用三言两语，就可以道破千古谜底。六祖大师的大弟子青原行思禅师曾说过："没有参禅的时候，看山是山，看水是水；到了参禅的时候，看山不是山，看水不是水；等到参禅开悟以后，看山还是山，看水还是水。"参禅开悟是把内心和外界协调起来，既有出世的空灵，又有入圣的超凡。参禅的过程就是人学习的过程，老师讲的知识再精彩，没有学生的领悟，也不能落实到学生的头脑中。因此在课堂教学和学生学习过程中，需要学生的"参禅"，需要学生的"顿悟"，需要给学生"冥想"的空间。

课堂上的冥想，是让学生在轻柔的音乐伴随下，闭上双眼，或驰骋思维的骏马，或回顾教学内容，这些方法既简单又实用，不但使友善用脑的课堂生动活泼，丰富多彩，而且能使学生感到学习的轻松和快乐，让学生全面健康地发展。冥想在课堂上可以课前使用，课前冥想能够调整学生的情绪，比如上完体育课的下一节课，冥想一分钟，能够让学生很快从刚才剧烈的活动中平静下来；课中冥想能够促进思维，提高学生的思维品质，提高教学效果；下课前冥想能够帮助学生整理课上学习的内容，总结提升记住知识。冥想可以使用音乐，使用的音乐要轻柔舒缓，也可以不使用音乐，让学生双手交叉额头趴在手腕处，静静沉思一分钟。冥想可以有导语，老师要用温柔的语气，轻柔舒缓地说出关键词，也可以事先规定范围让学生自由遐想。总之，冥想在友善用脑课堂中十分重要，它让学生的大脑轻松自然地工作。

（2）怎样实施课堂冥想？

如果说"冥想是一种改变意识的形式"，那么通过这种"形式"获得深度的宁静状态以达到增强思维品质的目的。反言之，当人们为了达到增强思维品质的目的，获得了"深度的宁静"状态，冥想就是一种意识状态。怎么才能让学生达到这种深度宁静的意识状态呢？

教师在组织学生实施冥想之前，首先要烘托氛围。第一，调整学生的坐姿，让学生自主选择一个让自己感到舒服和放松的姿势。比如可以舒服地靠在椅背上，也可以趴在书桌上。课堂冥想不是完全放松的睡觉，舒服的姿势是为冥想营造氛围。所以，教师可以要求靠在椅背上的学生，将双手交叉放在体前；趴在书桌上的学生，将双手交叉伏在桌面上，额头轻抵双手交叉处。第二，让学生轻轻闭上自己的双眼，让他们把自己的意识，聚焦于思考的问题和他们的内心。第三，教师可以播放一些低沉、舒缓、绵长的音乐。音乐的音量要把控好，不能太高，在保证学生都能听清的前提下，尽量放低声音。学生冥想时，教师选择的音乐，与教师想要达到的目的要有紧密联系。比如，大课间或体育课后，教师为了调整学生情绪，让学生能够平静专心地上课，老师可以选择一些与心跳同速的音乐，即每分钟60拍左右的音乐，一般佛教音乐能够让人迅速进入平和清净的状态。如果教师在课中让学生冥想，目的往往是希望通过冥想加深对知识点的理解和记忆，而下课前则是让学生梳理知识、巩固记忆。为了达到这样的目的，教师选用音乐时，应该在巴洛克时期的作曲家或莫扎特的音乐作品中选择那些具有低沉、舒缓特征的作品，比如大提琴曲等。

其次保证冥想的质量。第一，冥想是教师在课堂教学中的一个手段，冥想的目的是促进学生学习，为了保证冥想的质量，教师在实施冥想过程中，要明确冥想的主题，确定冥想的范围。在冥想开始之前，要根据教师预设的冥想目标，选择好实施冥想的时机。一上课就进行的冥想，往往是平静学生的心情的，这段时间不应该浪费。有一位老师在课间操后上英语课，她的课题是"现代农业"。学生刚刚跑完步，气还没有喘匀，马上上课效果肯定不好。这位老师走到讲台前，播放起轻柔浪漫的音乐，让学生趴在桌上冥想着几天前他们讲的一对老农夫的故事。伴着轻柔的音乐，老师轻轻用几个关键词引导大家。一分钟后，老师让学生抬起头，开始正式上课。前面的冥想，恰恰成为了老师上课的一个很好的导入。第二，实施冥想时，老师也要成为冥想中的"参禅"人。冥想也可以不配音乐，不配音乐时，教师一定要首先做好冥想中的参禅人，用老师的气场和影响力,为学生营造冥想的氛围。不用音乐,冥想的环境要求十分高,整个教室要非常静谧,教室里所有的人,在冥想过程中都要全身心投入。第三,老师保证冥想的时间。冥想本来就是人参禅顿悟的过程,从"禅"到"悟"是需要时间的。一般而言,在课堂上冥想,即使是一个简单主题,最少也要半分钟。1—2分钟效果会更好。有些老师刚刚让学生冥想,抬手一看手表,时间到了,于是马上结束。这样的冥想不是冥想,老师就没有入静,学生也没有真想,保证冥想的时间非常重要。第四,冥想的导语应该轻柔、简洁、凝炼,导语与导语之间的空隙,应该足以让学生在听到导语后,随着导语的引领思考完相应的问题。如果教师不使用导语,那么冥想前一定要明确主题。

(3)冥想成果的外化。

冥想是人的一种思维活动,课堂冥想是教师的教学手段之一。当学生在冥想中产生顿悟,理解和掌握了相应知识时,教师应该培养学生养成外化自己思维成果的习惯,让学生通过友善用脑思维导图,记录下自己的思维,便于复习巩固。有些学生对相应的问题还没有完全掌握,没有形成"顿悟"时,画思维导图的过程中,就是其继续思考、深入理解的过程。如果是课中的冥想,教师还可以让学生在画完思维导图后,进行小组交流。因为冥想毕竟是个人的思维活动,交流能够促进学生彼此之间互相启发,形成思维碰撞,利于深入理解和牢固记忆这些知识,也利于增加学生思维的广度、深度和厚度。外化自己的思维,也可以采用记笔记、写心得的方式,悟得的知识,外化出来才是真正的掌握。做笔记、写心得的过程,就是深化学生思维、提高学生表达能力的过程。让学生口头交流也是一种外化形式,口头表达区别于文字表达和思维导图表达。对于一些简单的话题,或者对于听觉型的学生来说,口头表达是一种重要的记忆和理解方式,教师在让学生外化冥想成果时,可以考虑学生的认知倾向,根据不同的认知倾向,采用不同的表达形式。这些形式的目的都是达到深入梳理思维、外化思维成果、巩固记忆知识的功效。

总之,冥想是课堂教学中促进教学的一个重要手段,经常使用冥想的方法,能够促进学生养成独立分析、自主思维、善于质疑的好的学习习惯。能够使课堂教学张弛有度、宽严适合、松紧得当,让课堂教学的节奏,更加符合学生生理、心理特点,适合人学习时的大脑思维特征。有时候冥想也是一种休息和放松,能够让学生平和心状、静谧情邃、涵育心胸,调节与焕发学生学习的激情。希望老师们在课堂上能够经常使用冥想的方法,不断提高学生的思维品质。

7. 穿越

友善用脑穿越是把定向越野、课堂教学和品德意志培养等元素融为一体,形成了一种以户外运动的形式实现教育教学目标的新的、受学生喜爱的、能够收到极佳效果的学习方式。穿越竞智、竞速、竞准、竞耐力、竞协作、竞能力。友善用脑城市穿越是非正式学习的一种方式，符合学习科学的基本原理，对于课堂教学改革有十分重要的借鉴意义，它为学生自主学习、高效学习、协作学习提供了新的探索路径!

穿越，一般是指时间和空间的跨界转换或不同领域的变幻通度。"穿，通也"，"越，度也"。穿越是在探险游历中完成通度升华的一种新的学习方式。凡是起点与终点不重合，在具有神秘特色或复杂状况的地域或场馆里，以团队为单位采用徒步或借助交通工具进行的、为了完成特定智力任务的活动都被称为穿越。通俗的说"穿越"就是指某人因为某原因，经过某过程，从所在时空穿越到另一时空的整个经历。友善用脑穿越是把定向越野、课堂教学和品德意志培养等元素融为一体，形成了一种以户外运动的形式实现教育教学目标的新的、受学生喜爱的、能够收到极佳效果的学习方式。这种让学生在轻松快乐、积极主动的氛围中，完成课堂教学和德育任务的学习和运动方式，是用非正式学习改变课堂教学的一个新的实验。

穿越本应另辟章节详细论述，但是有些友善用脑实验学校已经把穿越作为学校的校本课程，融入在学校教育教学工作中。让穿越成为一种教学形式，我们认为这是具有引领意义的,有方向性、导向性的,回归教育本源的实践。所以我们把穿越作为"友善课堂"的元素之一,放在本章节。

(1)友善用脑穿越概述

友善用脑穿越是在参与者之间进行竞智、竞速、竞准、竞耐力、竞协作、竞能力的具有对抗性的团队学习方式。根据友善用脑穿越实施的地点,可以分为野外穿越、场馆穿越和城市穿越。野外穿越是在高山丘陵、大川河流、荒郊野外开展以增长生存能力的穿越。场馆穿越是在一个特定的场所或展览馆、博物馆中,开展的主题穿越活动。这种穿越往往与特定场所、展览馆、博物馆的相关主题密切融合,以场所中特有的文化场景或展览馆、博物馆中的展品为穿越活动中的主要"线""点",形成"探险"游历中的思维"悬扣",让学生破解悬扣,体味主题,增长知识和能力。城市穿越则是在城市的街区、建筑当中,根据穿越确定的主题和设定的故事线索,选取与主题相关的、具有一定文化内涵的历史遗迹或现代建筑作为"线""点",在各个线点中设置思维悬扣,完成预设任务,实现穿越目标。在场馆穿越中,博物馆穿越备受青睐,因为博物馆具有丰富的馆藏,能够选取很多与学校教育教学任务吻合的主题,让孩子在穿越中完成自我教育,这种形式远比让学生坐在教室里听老师讲的效果要好得多。此外城市穿越也是锻炼和提高学生学习能力的一个极好方式。

穿越是把学生6—8人分为一组,熔炼团队之后,让他们领取路书,根据路书完成任务,到达指定地点。路书不但是孩子们行动的导向,而且是孩子们主动学习的课本。要想清楚知道下一步行动路线,必须完成路书给出的难题,这些题可能是数学中的一个难点,只有算完这道题,知道答案才能知道要乘坐的公交车的路数。这时孩子们会克服一切困难认真算题的,这时的学习效率远远高于课堂或课后的家庭作业。路书的内容也可能是一道英语题,只有看懂了路书的内容,知道路书里说的是谁,才能知道我们要去的博物馆在哪。诸如此类的问题,让学生既兴奋又刺激,在轻松愉快的团结协作中,再难的题目也能被学生们攻克。

穿越具有探索性、复杂性、运动性、协作性和技术性等几大特征。探索性是指穿越给出的任务要有一定的难度,需要团队成员集中自己的全部智慧,努力探究才能获得成功。有的任务甚至努力了,也只是在一步步接近完成,而不能达到完成的境地。这种探索性充满了刺激,当团队成员历经千辛万苦,获得成功后的那份喜悦与满足感,是参加其他户外运动项目或在课堂学习中所无法体验的。复杂性一方面指穿越集登山、漂流、攀岩、溯溪、定向越野、野外生存等户外运动元素于一身,是一项注重综合能力培养的活动;另一方面穿越也需要观察、思索、智力对抗和文化比拼。在穿越的任务中,有需要体能解决的问题,也有需要智慧解决的问题。这种复杂性既符合社会对未来人才的需要,也符合教育的根本原则和国家的教育方针。运动性不但注重了人的体能锻炼,而且符合人的学习机能。人在运动中能够锻炼意志品质、增强智力、增长能力。穿越要在运动中要解决很多难题、处理很多问题,这种在运动中学习、在运动中成长的方式,符合学生的特性,适于学生的发展。协作性能够培养学生良好的心理品质、道德水准,如坚韧、顽强、大胆、细心、处变不惊、行事果断、吃苦耐劳等等,还要注重团队精神,培养乐于助人的品格等。让学生在协作中不断调整自己,完善自己,涵育自己的心胸,锤炼自己的性格。技术性是指参加穿越者还必须掌握一定的专业知识和技能,比如地形图的使用,野外穿越还要学会配合使用指南针和海拔表、行走技巧、野外生活、攀登、游泳涉水、登山装备的使用、自救互救等等。同时需要穿越者具备一定程度的天文、气象、地理、生物、生理、水文、地质、物理、化学等知识。在场馆穿越和城市主题穿越中,还要了解城市历史、文化特征,特殊事件以及相应的经济、政治、社会、文化状况,等等。总之,友善用脑穿越是一种具有综合特征的、全面锻炼学生的团队学习方式。

穿越必须具备几个基本要素：第一，要有一个鲜明的主题。主题一般根据举办者要达到的一定目的而确定的。这些主题包括政治、历史、文化、教育、教学等方面，比如我们受全国妇联、北京妇联委托，举办过庆祝中国共产党成立90周年的红色主题亲子穿越，与学校合作组织了高中成人仪式的"成人伟业"穿越，开展了对青少年进行传统教育的故宫、国子监穿越等。我们还与学校一起开展了学习文化知识的专项穿越，比如为了激发学生学习外语的兴趣，消除学生对外语的恐惧感、厌恶感，我们与学校一起，组织外语成绩较差的学生参加了"世界城市小主人"的穿越，永泰小学为了完成教学任务中的"测量土地面积"在奥体公园进行了"在奥体学数学"的专项数学穿越。在国家博物馆、首都博物馆、科技博物馆、电影博物馆、文学馆等开展了多项结合语文、数学、历史、物理、化学、科技等学科的各类主题穿越。第二，要确立一个故事情节。确立故事情节，要紧扣主题，同时要能抓住参加穿越学生的兴趣，能够激发他们的参与热情。情节扣人心弦，就能调动学生的好奇心，增强他们的投入感，这对成功组织穿越来说十分重要。比如我们在为北京50中分校的学生举办"成人伟业"的穿越活动时，确立了重走五四路，探寻五四先辈足迹的故事情节。五四运动是对中国历史产生重大影响的伟大运动，五四运动就发源在北京。让即将踏入成人门槛的学生，在他们曾经走过的大街小巷中,寻觅前辈彪炳千古的足迹,对于高中生来说是有巨大的魅力的。在英法租界的老邮局遗址前,在几十年前几乎和他们同龄的前辈走过的打磨厂,在学生们火烧的赵家楼,一幕幕历史画幅闪烁在他们的脑海,那一刻激荡心胸、壮怀激烈的历史责任,焕发了他们努力学习建设祖国的坚强决心。在为新鲜胡同小学组织的故宫穿越中,选用了"九子夺嫡"的故事情节。儿童对传统的了解和继承往往是从故事和现实的场景开始的。故宫承载了中华几千年的文明,明清是中华封建文明的鼎盛时期。"九子夺嫡"发生在故宫,近几年反映清朝历史的古装剧中也有反映。当孩子置身故宫之中,我们把需要孩子了解的历史故事和现实的文物串联起来,从故事出发,把孩子的目光引导到对中国历史传统的了解上,不但能够抓住孩子的好奇心,增加他们的兴趣,而且教给他们用质疑和批判的思维学习历史。好的故事情节既能勾起孩子的兴趣,也是对孩子的安全增加了一份保障。当孩子紧紧跟着故事情节的线索走的时候,孩子的安全就有了保证。第三,路书。作为穿越过程中最重要的道具,路书必须由专业人员,根据确立的主题和选定的故事情节,在对穿越场所中的"线""点"进行反复探寻后,选择能够表现主题、符合故事情节的"线""点",作为学生穿越中的"悬扣",将这些"悬扣"与学科知识紧密结合,反复研究后制作而成。路书必须保密,它是穿越中每一对抗赛程的指引文书,也是比赛评判的依据。穿越开始前装入档案袋内,并且加封封条,在穿越开始时统一下发。当穿越展开,竞赛根据环节进行到不同阶段时,穿越者可根据路书指引,决定每一步的行动方案。为了体现穿越的复杂性,增加穿越的神秘感,激发穿越者的好奇心,可以增加路书的难度,用密码手册(根据主题确定的活动宝典),作为破解路书的辅助工具。密码手册是参加者眼中最神秘的道具,也是游戏的精髓所在。第四,友善用脑穿越必须统一着装。因为穿越存在许多不确定因素,虽然有严密的安全保障措施,但为了参与者的绝对安全,还是需要统一着装。另外,整齐划一的服饰对升华活动主题也起到至关重要的作用。第五,穿越中的安全保障。穿越的安全保障是一个系统工程,大致有以下几个方面:(a)融炼团队,团队是安全的最大保障。(b)路书,路书明确团队的共同目标,指挥团队的行进路线。(c)沟通规则,沟通规则是团队和谐的重要基础和保障。(d)完善的监控保障措施。在路口处,穿越组织者都要安排工作人员作为守点员,监控所有穿越者安全通过后通知联络员,经联络员同意后才能撤离。(e)穿越管理规范。穿越管理规范包括指挥系统、应急预案和行前准备。指挥系统要顺畅、高效。应急预案要周密、详尽。每次活动都要有相应的安全预案、备用路线、突发事件的应急措施、活动的停止或取消指令等。行前准备是穿越中非常重要的工作,它是穿越安全的根本保证。行前准备要求,每次"试穿"必须保证三次,其中至少有两次要与正式穿越的时间相同。行前准备还需要保证穿越学生的水、热量补给和他们的午餐保障,在什么地方吃?什么时间吃?怎么吃等问题都要详细落实。穿越过程中上厕所也是一个大问题。对穿越路线中的洗手间散置的情况,试穿时要特别注意。穿越者的返回路线,也要格外重视。学生返回时是最容易放松的时候,安排合理安全的返回路线十分重要。(f)穿越总结。穿越总结是穿越的画龙点睛之笔,穿越是否能够达到预想的效果,很大程度上在于穿越总结。穿越总结,一般首先要播放穿越实况的剪辑短片,用这样的方式开始穿越总结,最能调动穿越者的热情。穿越者在短短观片的几分钟里,能够在心头回顾整个穿越过程,那些最震撼穿越者的瞬间,或者给穿越者留下最深印象的镜头,会随着短片的播放,重新出现在穿越者的脑海里,这是我们进行教育的最佳时机。第二,各组展示自己的思维导图,向大家陈述穿越中的感想和体会。这是穿越总结中最动人的一个阶段,往往穿越中的一件小事,却能感动在场所有的人。这种陈述是一种情感的交流,组织者一定要保证能够让每一组都能在总结时充分展示。第三,宣布对抗赛成绩和发奖。穿越毕竟是一个带有对抗性的活动,宣布成绩是必然的,但是穿越的根本在于过程,成绩并不重要,宣布成绩的目的是告诫学生规则是必须遵守的。在组织者统计成绩的时候,可以把客观的时间竞赛与主观的知识竞赛结合在一起,这样可以避免单纯追求终极性评价,而忽略过程的问题。发奖是这一阶段的重要环节,奖项应该全面,照顾到每一个学生的特长和表现,奖励面应该广,奖励重在精神鼓励。最后,总结结束之前还应该给参与穿越的学生留一个作业,回去把自己的感想体会写出来或者用思维导图画出来，无论是写出来还是画出来都应该为学生提供展示机会。

友善用脑城市穿越是非正式学习的一种极好的学习方式，它符合学习科学的基本原理，对于课堂教学改革也有十分重要的借鉴意义，它为学生自主学习、高效学习、协作学习提供了新的探索路径！

（2）友善用脑穿越实践

众所周知在目前教育现状中，很多学校在教育观念上仍然存在以分数为中心的问题。只注重孩子的考试成绩，为了达到高分，让孩子死记硬背、题海战术，结果造成了很多学生厌学，甚至恨学。就拿外语来说，外语是国际交流的重要工具，可是很多孩子不喜欢外语，讨厌外语。究其原因是我们在教学过程中过分注重教学的具体内容，比如单词、句型等，忽略了对孩子学习外语的兴趣培养，于是造成了很多孩子不愿学外语、讨厌学外语的现象。我们把"活"的教育变成了"死"的灌输，我们把有情感的学生，变成了背书的机器，外语教育正在日益脱离着火热的生活，也根本忽视了孩子渴望交流、渴望沟通的内心需求。陶行知说："生活即教育"，"社会即学校"，"教育可以是书本的，是与生活隔绝的，其力量极小。拿全部生活去做教育的对象，然后教育的力量才能伟大，方不至于偏狭。"陶行知的话点出了我们目前教学中存在问题的关键所在，也为我们搞好教学指明了方向。北京市永泰小学针对一部分学生不愿学外语的问题，与北京市学习科学学会和友善用脑课题组举办了"世界城市小主人"的城市穿越活动。这次活动把相信学生、尊重学生、激发学生学习英语的兴趣作为设计的出发点，让几十名四、五年级的小学生，从北京海淀、朝阳、昌平三区交界处的西三旗，以小组为单位，采用坐公交的方式穿越到北京地坛公园，参加北京市2010年社会科学普及周的活动。

出发前每个小组拿到了一张"路书"，路书中有一张地图和他们的任务，他们要靠小组的合力才能分析出穿越到地坛的行走路线。孩子们行走的路线，是设计人员精心挑选的。中轴线上有很多北京著名的景点，也有许多外国游客。穿越要求每组孩子，在中轴线上找到外国人，把两张地坛书市的入场券送给他们，邀请他们一起参加地坛书市。如果外国人不能参加地坛书市，那么和外国人合张影才算完成任务。对于英语不及格甚至对英语失去兴趣的孩子，完成这样的任务，看似要求很高，但是友善用脑强调"所有的学生都是天生的学习者"，信任孩子、放手锻炼孩子，才能培养出孩子的自信和能力。永泰小学"世界城市小主人"的城市穿越活动十分成功。12个组的孩子们在活动中全部安全到达指定地点，全部完成了与外国人沟通的任务。孩子们完成预定任务以后，十分兴奋，他们在地坛把自己一路的所见所闻画在画布上，并用英语标注了题目。通过这次活动，孩子们觉得英语不是那么晦涩难学，不是那么生硬，外语也不是那么高不可攀，用单词加上动作和表情也能和他们交流沟通。

这次活动极大地激发了学生们学习英语的热情，增强了学生们的自信，学期结束时，80多个英语不及格的孩子居然只有3个学生英语没有达标，其他孩子的英语都达到了及格线，其中有7个学生成绩在85分之上，最高的达到92分。这次活动没有把枯燥的英语卷面考试作为教学重点，而是把激发孩子学习英语的热情、培养他们的沟通能力作为教学重点，这样做的结果是让孩子知道了"英语有用""英语不难""我也能学好英语"，增强了孩子们的自信，锻炼了他们的能力，教会了他们在生活中学习的方法。

北京新鲜胡同小学为了让学生了解中国文化的博大精深，于2012年4月24日在故宫组织了全校200多学生进行穿越。那天下着小雨，学生在雨中拿着不同的路书在故宫里跑来跑去。雨中的故宫，是那么的不同！校长望见那雨雾中新鲜校服一点点红，由小变大、由少变多时，一种异样的激动溢满心中。她知道"这是我的孩子们，正在冒雨朝目标奔来！"她知道"当孩子找寻到目标的时候，也是他们完成了一个又一个了解中国历史文化任务的时候"。当听到"校——长——"的喊声时，校长和孩子们一样跨越了时间与年龄，激动地和孩子们紧紧相拥……。校长为孩子的成功祝福，为孩子的聪明叫绝！

故宫穿越之后根据活动设计要开一个总结会，从布置到召开仅仅一天半的准备时间，校长担心时间这么短，老师和学生是否能把自己的收获展示出来。没想到师生们以原创诗歌、相声小品、采访回顾等形式，对学校的首次穿越活动进行了完美的展示与回顾，孩子们的才华和热情感动得校长三次落泪，会场里不断响起热烈的掌声。活动以后老师们都说："如果说一定要给4月24日的活动画一个标点的话，我们想这个标点绝不是句号，它应该是一个逗号，或者是一个省略号。那是因为学生没有把这次德育活动仅仅当成一次德育的课程，而是自觉地把活动的内涵延伸。"穿越活动给学校带来了很大的转变，穿越中学生们的友情在加深，学生的能力在增强，学生对祖国和祖国文化的热爱，从他们点点滴滴的感悟中，我们看到在一点点逐渐加深。回到学校这些成果在不断延续、不断发展，现在新鲜小学的教室变化了，课堂变化了，学生变化了！楼道里空洞的标语变成了学生活动纪实的照片，学生的笑脸、学生的感悟贴满了楼道，孩子成了学校的明星。

德育是学生教育中十分重要的工作，德育要让学生在生活中感悟、在感悟中提升。之所以在现实教育活动中，很多德育活动不如人愿，就是缺乏对学生的了解和信任。再加上对安全的担心和活动设计策划经验积累不足，造成了社会大课堂活动中经常出现的"车上吃，馆里闹，回来路上全睡觉"的现象。根据学生的特点设计的故宫穿越活动，不但满足了孩子的内心需求，而且在活动中让孩子体味了尊重。友善用脑主张学生用自己的方法学习，城市穿越活动就是让学生置身于陌生、复杂的环境中，自己处理和解决问题。实践证明故宫穿越不仅使孩子得到了德育的培养，而且让孩子们更加深入地学习和了解了中国博大精深的传统文化。

总之,友善用脑认为所有的学生都是天生的学习者,不论是学生的知识学习,还是学生的道德培养,都应该走向广阔的社会生活,在生活中为学生搭建学习的脚手架,让他们在自主的活动中探究知识,感悟道理,培养能力。就如同人类其他文明的进步一样,教育可持续发展的动力,来源于所有教育工作者的孜孜不倦的探究和坚持不懈的自我批判与自我修正。梁启超说过:"少年强则中国强。"为了中国明天的强盛,让我们努力扩大教育的视野,不断丰富教育的内涵,更多地开展符合孩子特点的穿越活动,让孩子在"穿越"中成长!

三、友善用脑课堂教学评价

评价是课堂教学的重要组成部分,学生在学习过程中正向的形成性评价,为学生提供了发展的机会。确立以学生为中心的教育基点和改变传统课堂教学模式,是实施友善用脑课堂教学评价的前提条件。实施友善用脑课堂教学评价,要确立评价方向、明确评价主体、坚守评价依据、形成评价体系。全面、公正、科学、规范、系统的友善用脑课堂教学评价,是学校贯彻国家教育方针的重要手段,教师保证课堂教学效果的重要工具,学生发展思维、提升能力、提高素养的重要途径。

评价，是课堂教学的组成部分。在友善用脑课堂中，评价尤为重要。友善用脑倡导的"友善课堂"，是以"团队学习"为主要课堂教学形式，教师在课堂上只有3-5分钟的话语权，当老师讲完课堂学习目标、课堂活动内容和活动的基本规则后，课堂的话语权已经完全交给了学生。这时，教师把控课堂的唯一手段就是评价。

1. 友善用脑如何理解课堂教学评价

评价，百度百科的解释是"通常是指对一件事或人物进行判断、分析后的结论。"显然在这一解释中，重要的是结论。友善用脑在课堂教学评价当中，注重的不是结论而是过程。评，是"评论，批评"的意思，价是"价值"，《说文解字》中对"价"的解释是"善也。"评价就是批评某一事件，评论它的价值，特别注重的是对它好的方面进行正面点评。为什么在课堂教学中要注重对好的方面进行正面点评？这与友善用脑对教育的理解密不可分。教育是关注一个人成长的大事，梁启超先生说过："教育是什么？教育是教人学做人——学做现代人。"做人要有好的身体，做人要有立身的本领，做人要处理好各种关系，充当好各种角色。这就要求人要养成好的习惯，正面评价有助于人们养成良好的生活、学习、交流习惯。一个人成长过程中，大部分时间是在学校，而在学校的大部分时间是在课堂上，友善用脑认为课堂上的正面评价，能够增加人大脑中有益化学物质，让人产生愉悦、放松的心态，而这种心态有益于人们形成正向思维，能够帮助人们轻松高效地掌握学科知识，形成良好的学习氛围。正面评价有利于调动和发挥每一个人的潜能和特长，有益于团队形成合力，生成团队内在的运作机制，这种机制是团队完成学习任务的根本保证。"友善课堂"的基本形式是团队学习，老师把自己要"讲"的，变成学生自己"悟"的，当老师为学生搭建好学习环境后，"悟"的任务就要靠团队完成。积极肯定的正向评价，不但能够调动学生的学习潜能，而且能够促使小组变成团队，形成课堂上学习的合力，有利于实现课堂学习目标，能够收到良好的课堂教学效果。

课堂教学评价为什么要注重过程而不是注重结果呢？关于这个问题国际上早就有学者进行过研究。1967年美国学者迈克尔·斯克里文（Michael Scriven）在美国教育研究会（American Educational Research Association）研究评价的专题文章中提出："应该区分正在形成的项目和已经进入最后状态的项目。""形成性评价专门用于学习知识的过程，而终结性评价则用于某段学习的最后阶段——如课程结束。"经过学者们的广泛研究，人们发现"与终结性评价对立的形成性评价对学生的学习会产生更加重大的影响。"形成性评价最关键的是反馈，积极正向的评价和反馈，能够给学生带来学习的动力，以及他们改进与克服学习中存在问题的机会；能够增强他们的自信，改进他们的方法，提高他们的成绩。美国学者约翰·哈迪尔（John Hattie）说过："提高学习成绩的最有力的改进方法是反馈。改进教育的最简单的处方是'一定程度的反馈'。"可见，反馈在人学习过中扮演着十分重要角色，对提高学习成绩也产生着十分重要的作用。遗憾的是在现实的课堂教学中，很多教育管理者和教师，往往忽略了反馈的作用，他们更多地使用终结性评价，他们看重终结性评价的结果，根本不在意形成性评价中的反馈，这使很多学生丧失了探究、提高和进步的机会。美国学者曾经说过，"评价的关键原理是必须提供反馈和回溯的机会，而被评价的内容必须和学生的学习目标相一致。"评价是为了帮助学生完成学习目标，促进学生发展的课堂教学行为，评价给予学生的反馈必须和给予学生的机会相匹配，在尊重学生、发展学生的基点上，挖掘学生的内驱力，使学生在评价反馈的过程中，增强学习的自觉、抓住提高的机会，完成自我超越，这正是评价的根本目的之所在。

2. 实施友善用脑课堂教学评价的基本条件

实施友善用脑课堂教学评价需要具备一些基本条件。首先，必须充分认识到友善用脑的课堂是以学生为中心的课堂。无论教育行政管理部门还是校长、教师，都要从根本上确立"一切为了学生的成长和发展"的教育终极目标。如果教育的基点仍然固守在以教师和学科知识为中心的传统教育观念上，友善用脑的课堂教学评价是不可能实施的。因为以教师为中心、以学科知识为中心，人们看重的必然是终结性评价的结果，分数的高低、成绩的好坏能够表现老师的水平和学校的层次与等级，学生的习惯养成、学生的能力培养、学生的心理感受等的一切都不重要，一个简单的分数，就能轻而易举地划分一切，评出优劣，比出高低。学校可以享受尊荣，校长可以成就功名，教师可以出人头地，而学生的发展似乎人们关注的并不多。以学生和以提高学生学习能力为中心的友善用脑课堂教学评价，则更加看重学生在掌握知识和增长能力过程中的付出、成长与进步，因而友善用脑"以能力的组成部分和要求为特征的评价使一般目标具体化"，同时把这些具体化评价反馈给学生，让学生根据评价调整提高。这就是说友善用脑的课堂教学评价的目的不是比出高低、评出一二，而是作为学习的一个过程，给被评价者更多的提高和进步的机会。学习科学认为"作为教学的一部分，反馈应持续地做出而不是突然地进行"，评价是伴随学习始终的，是学习过程中不可或缺的手段。看中评价的结果，还是看重评价的过程，反映的是教育基点问题，表现的是我们对教育终极目标的认识和理解。因此，转变教育基点，树立学习科学倡导的以学生为中心和以提高学生学习能力为中心的教育观念，是实施友善用脑课堂教学评价的首要前提条件。

其次，必须转变传统课堂教学模式，建立友善用脑课堂教学范式。确立学生在课堂教学中的中心地位，在课堂教学中建立"学生所有制"，把课堂教学时间还给学生，用"团队学习"贯穿始终的"友善用脑课堂教学范式"，代替以教师为中心的"一言堂""满堂灌"的传统教学模式，是实施友善用脑课堂教学评价的又一个基本前提。在友善用脑的课堂上，要求教师只讲3-5分钟，当教师讲完"学习目标"，讲完"活动内容"，讲完"活动规则"之后，课堂教学时间就是学生的了，学生要在观察体验、探究交流和汇报展示中完成学习任务。友善用脑的课堂教学形式，决定了友善用脑课堂教学评价必须关注学生形成的过程，当教师把话语权交给学生的时候，教师调整课堂、掌控学生的唯一手段和方法就是评价。这就要求课堂教学中的评价要具体细致，不仅与学科教学内容紧密衔接，而且要与学生的道德培养、能力发展、思维品质的提升等问题密切相连。友善用脑的课堂注重培养的是学生的综合能力，友善用脑的教学评价是与友善用脑课堂教学目标相一致的，我们不能把学生的学科成绩与学生的探究能力混为一谈，更不能用学科成绩代替对学生学习和探究能力的评价。没有友善用脑的课堂，就没有友善用脑的评价。因此，改变传统课堂教学模式，建立以学生为中心的友善用脑课堂教学范式，是实施友善用脑课堂教学评价的前提条件。

3. 如何实施友善用脑课堂教学评价

评价是友善用脑课堂教学中教师调控学生的重要手段，如何实施友善用脑课堂教学评价呢？"确立评价方向"是友善用脑课堂教学评价应该考虑的第一个问题。评价具有导向性，在学生学习过程中学生应该具有什么道德修养？应该具备哪些基本能力？养成那些良好习惯？都是由评价导向决定的。确定评价方向，要依据教育的根本目标。明确了培养什么人的问题，就找到了如何评价和怎样评价的方向。友善用脑课堂教学注重培养的是人的综合能力,人的综合能力体现在与人交往的过程中,体现在发现问题、解决问题的能力里。一个学生有没有尊重别人、善于倾听的习惯?有没有遵守规则、忠于法律的意识?有没有乐于助人、善于合作的品格?这些都是人的综合能力的表现。而一个人在倾听中发现问题的能力,在守则中解决问题的方法,在合作中共同探究的素养,不但决定了一个人事业的宽度,而且决定了事业的长度。因而评价既要注重学生的道德培养,也要注重学生的能力提高。要找到能够高度融合这两个方面的关键点,把课堂教学评价聚焦在这些关键点上。课堂上的教学评价是发生在瞬间的,评价既要有清晰的导向,也要有明确的界定;既要具体详细,也要提纲挈领;既要全面周延,也要明确简练。在长期的友善用脑课堂教学实践中,很多学校认为"倾听、规则、合作"能够兼容品德与能力、知识与素养两个方面,能够基本包容和概括课堂教学中的主要问题,因此把这三个方面确定为友善用脑课堂教学评价的主要方向。

第一,倾听。倾听包括两个方面:一是对老师的倾听,一是对同伴的倾听。教师是课堂教学的主导者,在友善用脑的课堂上,教师不再是传统课堂的中心地位了,但应该具有主导课堂的能力。教师对课堂的主导是通过课堂教学评价实现的。倾听教师,首先体现了学生对老师的尊重,其次是教师调控课堂、把握节奏、实施教学的根本保障,也是教师维持秩序、掌管进度、纠偏正错的基本手段。没有对教师的倾听,就没有课堂教学的基本保证。所以评价中倾听的第一个方面是对教师的倾听。第二个方面是同伴间的倾听。友善用脑的课堂是以团队学习为主体的课堂，团队学习，同伴间的交流与沟通非常重要。尊重同伴是学生应该具备的一个基本素养，而倾听同伴则是这种素养的集中体现。同伴交流能够启发自己的思维，能够完善自己的想法，能够产生思维碰撞，激发新的火花，实现自己和同伴的共同提升。在学生学习的过程中，一般而言学生的思维处在同一水准上，但是不同的生活经历、不同的知识储备、不同的文化背景造成了每个人不同的思维特征，取长补短、互相借鉴，能够丰富和完善人的思维，提高人的分析问题、解决问题的能力。养成倾听同伴的习惯，既坚持了对别人的尊重，保证了别人的权利，也丰富完善了自己，不但利于形成民主科学的学习氛围，而且节省了沟通成本，提高了学习效率。因为在课堂上教师与学生的沟通成本，一定大于学生与学生的沟通成本，这是由于年龄和生活阅历造成的事实。在中国官本位文化思想的影响下，在课堂上对教师的倾听是容易做到，而对学生的倾听往往不被每个人所重视。在这种文化背景下，加强对学生倾听习惯的培养十分重要，这是关系到我们的国家能否建立起"富强""民主""文明""和谐"的强大国家的大问题，也是关系到学生能否健康发展快乐成长的根本问题，应该引起各位领导和老师们的高度重视。"倾听"是友善用脑课堂教学评价中的一个重要方面。

第二，规则。规则也包括两个方面，一方面是保证课堂教学秩序的学校各种规定、纪律和班级的各种守则；另一方面是教师为了保证课堂教学质量，根据学生特点和学科知识内容设计的活动和活动规则。课堂上的活动和游戏，是为实现学习目标创设的场景，"玩"的目的是为了"学"，为了课堂上生成知识，为了保证知识的生成，教师必须制定相应的规则。规则就是老师在运动场上为学生画出的跑道，按照这个跑道跑下去，一定会达到老师希望学生达到的终点。严密、周全、简明、清晰的规则，是学生自主学习、完成学习任务的基本保证。班级守则需要大家遵守，因此依靠大家共同制定；教学活动规则反映学科特点，因此需要教师认真思索，根据学生特点和学科知识要求制定。课堂活动内容和活动规则是教师专业水平的具体体现，教师要将自己对学生的理解和对专业知识的把握，融会在课堂活动与规则之中，使学生能够在观察体验、探究交流和汇报展示中完成学习任务。规则是课堂教学评价中的重要依据，规则也是课堂教学评价中的一个重要方面。

第三，合作。合作是友善用脑课堂教学评价中的一个重要方面，对合作的评价也要从两个方面考察。一是学生在探讨交流过程中的合作表现。学生在合作过程中，彼此之间是否密切协调、互帮互助，既发挥自己的潜能，又能形成团队的合力，生成团队内在运作机制。评价是教师在课堂上把"小组"熔炼"团队"的重要手段，小组中的合作表现，反映了团队熔炼的状况，团队的内在运作机制就是在学生的自我评价、学生间的互相评价和老师对学生的评价中逐渐形成的。合作的另一个方面是合作的成果,也就是课堂上学生通过各种交流研讨、各种活动探究能否生成教师所期待的学科知识。这种合作成果的显现,本身就是团队学习能力的展示,也是每个人学习能力提高的过程。友善用脑强调课堂教学是通过对学科知识的把握,促进思维发展、提高学习能力,能否掌握课堂教学要求的知识要点也是课堂教师评价中的一个重要方面。所以,合作考察的第二个方面,就是合作成果的显现。

友善用脑课堂教学评价表

组名	倾听	规则	合作

教师应将友善用脑课堂评价内容制作成《友善用脑课堂教学评价表》,展示在黑板右侧。评价表包括组名和我们确立的代表评价方向的三个主要评价内容,即倾听、规则和合作。教师根据课前制定的规则和学生的课堂表现,与学生一起为各组打分。周密严谨的规则,公正及时的评判,有助于学生之间形成相互竞争又彼此合作的自主学习局面,共同得出课堂学习结论。

"明确评价主体"是友善用脑课堂教学评价应该考虑的第二个问题。评价主体就是实施评价的人,友善用脑课堂教学评价的主体是谁?教师是课堂教学的主导者,自然应该是教师。但是友善用脑的课堂是以学生为中心的课堂,既然学生是学习的主人，在课堂上要发展学生所有制，那么学生这个评价主体也不能忽略。友善用脑的课堂教学评价主体既是教师，也是学生。教师是课堂教学的主要设计者，课堂的教学场景、课堂教学的活动内容和与学科知识紧密相连的活动规则，都是教师制定的，教师不参与评价是不可能的。教师是学生学习的指导者，教师的天职是指导学生，而友善用脑把课堂教学评价作为学生学习的一个过程，在形成性评价的反馈中，学生要根据老师的评价反思自己的学习，完善自己的思维，提高自己的能力，可见在友善用脑课堂教学中，没有老师的评价是不行的。教师是友善用脑课堂教学评价主体，这是不容置疑的。因为教师要用评价调整学生学习状态，把握课堂教学的节奏，为学生纠偏正错、坚守方向。但是学习科学强调课堂教学的主要任务是发展学生的学习能力，在学生的学习能力中，对"元认知"技能的应用和把握，是提高学生学习能力的一个重要表现方面。"元认知是指人们预测他们在各种任务中表现的能力以及对目前的理解和掌握程度进行监控的能力。适合于学习的元认知方法的教学实践包括那些关注理解、自我评价和对已教授的、需要改进的内容进行反馈。""元认知"说白了就是学生自我评判、自我监控、自我调整的能力，元认知能够帮助学生将知识迁移到新情境中，是学生提升自己学习能力的具体体现。为了发展学生的元认知，在友善用脑课堂教学中，学生这个评价主体不能忽视，老师必须清楚而深刻地认识到，评价是提升学生学习能力的重要手段，在知识学习和能力提升的主战场——课堂上，教师切不可忽视学生这个评价主体，使学生丧失提高自己学习能力的机会。学生在学习过程中，既是被评价者，也是评价者，学生的这种自评互评，能够发展学生的元认知，促进学生综合能力的提高。同时教师也必须清楚地认识到，学生具有正确评价自己和他人的能力。因为评价的依据是规则，而友善用脑课堂教学的规则，一部分是学生自主制定的，一部分是学校和老师制定的，但是应该广为告知，每个人都清楚明确的。

"坚守评价依据"是友善用脑课堂教学评价中应该考虑的第三个问题。评价要有标准，没有标准就没有公正严明的评价；没有公正严明的评价，也就不能保证课堂教学的实际效果。标准就是评价的依据，这些标准就是教师在走进教室开始上课时，宣布的课堂教学规则和学校制定的以及全体同学讨论通过的课堂教学守则。规则一经宣布，必须严格遵守。在规则面前，没有特殊公民，包括规定的制定者在内，所有人都必须是规则的坚守者，只有这样，课堂教学评价才能起到鼓励先进、促进后学的作用。中国是一个法律意识非常单薄的国家，法律意识的淡薄，酝酿了中国历史发展中无数的惨剧。十年浩劫让国家和人民承受了巨大的痛苦，没有一个人希望那样的日子再重来一次。但是建立法治社会是要经过一个艰苦历程的，需要一代人甚至几代人的不懈努力。法律意识淡薄、规则意识欠缺，是中国千百年社会文化历史积淀的结果，改变这种现状，必须从娃娃抓起，在学校的课堂中建立坚定鲜明的"规则意识",学生只有在课堂中把规则视为不可僭越的红线,长大以后在社会上才能忠于法律、严守规则。当明确了教师与学生的评价主体地位之后,教师应该身先士卒,尊重规则、坚守规则,要严肃公正地评判,坚定清晰地守则。教师切不可把评价当成一件随意的事情,僭越规则草率评判,对规则的伤害,就是对自己教学目标的伤害,也是对学生身心的伤害,这是一个输不起的战场。教师只有自己严明规则,才能监控学生、影响学生,培养学生尊重规则、忠于法律的品德。

在友善用脑课堂教学评价中,最后一个应该考虑的问题是"形成评价体系"。评价要在课堂教学和学生发展成长中,成为推动学生进步的杠杆,还要注意形成科学的评价体系。单一的、不系统的课堂教学评价,对学生发展所产生的作用是有限的,而系统全面的评价,是学生进步的助推器。学校应该建立统一、规范、持续、稳定的课堂教学及学生综合发展的评价体系,教师在评价中做到"规则全面清晰,评判严肃公正,导向切实突出,表述清楚简洁"基础上,还要做到"日积月累、阶段小结、及时反馈、适时调整"。"日积月累、阶段小结、及时反馈、适时调整"是把每节课的课堂教学评价积累起来,委派专人每日统计、每周统计,一周、两周或者一个月进行一次小结,并把小结的结果及时反馈给学生,鼓励学生、帮助学生,引导学生分析形成小结结果的原因,帮助他们找到提高和改进的办法,把评价和反馈作为促进学生提高和发展的手段。适时调整是当学生出现新的问题,或者老的问题已经解决的时候，评价的规则和标准要随着学生的变化而变化。尽管我们需要保持评价的相对稳定性，但是当学生在学习中出现了新问题，或者老问题已经不存在的时候，胶柱鼓瑟的老规矩，也没有存在的理由了，教师要针对学生的情况调整评价的内容和规则。当评价形成了一个科学完善的体系，才能达到促进教学、帮助学生提高的目的。

"确立评价方向，明确评价主体，坚守评价依据，形成评价体系"是在实施友善用脑课堂教学评价中应该注意的四个主要问题，解决好这些问题是正确实施友善用脑课堂教学的基本保证。在谈到友善用脑堂教学评价时，有一个问题应该引起我们的注意，上述讲到的评价是课堂教学中的形成性评价，在友善用脑课堂教学中终结性评价也是评价的一个方面，学科结业自然需终结性评价。友善用脑并不排斥终结性评价，友善用脑更加重视形成性评价对学生学习和能力提高的促进作用。友善用脑建议教育行政部门、校长和各位老师从鼓励学生和促进学生发展的角度，要不断注重和强化形成性评价的作用，当把形成性评价和终结性评价融合在一起的时候，应该加大形成性评价的比重，适当考虑终结性评价的结果，因为学习毕竟是学生发展思维提高能力的过程。当我们以学生为本的时候，当我们把教育作为促进学生终身发展的第一要务的时候，终结性评价的分数对学生的一生来说并没有那么重要，我们应该把评价和机会同时送给学生。

4. 友善用脑课堂教学评价的功效

评价是友善用脑课堂教学的重要组成部分，是学校贯彻国家教育方针、全面育人，培养身心健康的国家公民的重要手段；是教师帮助学生完成学习目标，组织课堂教学，熔炼学习团队，把控教学节奏，保证学习效果的重要工具；是学生发展思维、提高能力、培育素养、完善自我的重要途径。

《中华人民共和国教育法》规定："教育必须为社会主义现代化建设服务，必须与生产劳动相结合，培养德、智、体等方面全面发展的社会主义事业的建设者和接班人。"学校是落实国家教育方针的重要机构，学校的一切工作，应该围绕培养社会主义合格公民这一中心开展。一个人在他的成长时期，至少要有十二年的时间在中、小学里度过，而这十二年中的绝大部分时间是在课堂上。课堂教学是学校的中心工作，评价是保证这一中心工作正常开展的重要手段。如果学校能够根据学生的实际情况，制定出全面、公正、科学、规范、系统的评价体系，那么学生的一切思想和行为，都会置身于一个催人奋进、引人向上的巨大动力场中，学生会在这个系统的评价体系里，不断得到各种积极正向的评价和反馈，不断获得修正自己、完善自我的机会和指导，从而实现个人思维的发展、学习能力的提升、意志品质的修炼、综合素养的提高。反之如果学校缺乏这样的系统，或者学校的评价没有以学生发展为中心，偏离了全面育人的教育方针，学生就会丧失很多进步提升的机会，在成长中就会不断出现各种困惑和迷失。

在学校教育中，课堂教学实施的主导者是教师，他们是课堂教学的设计者、组织者、实施者，也是保证课堂教学质量的责任者。友善用脑课堂教学的主要形式是团队学习，在以学生为中心、以提高学生学习能力为主要任务的课堂教学中，教师的教学设计、教学组织、教学任务的落实，以及教学质量的保障，都是依靠课堂教学中的评价实现的。友善用脑课堂教学评价，是在以学生为中心的课堂教学中，教师指导权威的根本保障，也是教师在课堂上熔炼学习团队，维护教学秩序，把握教学节奏，保证教学质量的唯一工具。作为课堂教学的重要组成部分，评价会发挥它良好的沟通反馈作用，引导和保障课堂教学走向成功。

学生课堂教学中学习的主体，在促进学生全面发展的友善用脑课堂上，形成性评价发挥的对学生激励与调控作用，有助于学生在学习过程中，不断明确自己的学习方向，纠正自己在学习中出现的偏颇，发展自己的思维、提升自己的能力，提高自己的素养。提高自己学习能力的重要方法是发展自己的元认知，而自我评价和调控恰恰是元认知的重要核心。

在友善用脑引进中国的十几年中，很多学校在实施友善用脑课堂教学过程中，总结创新了很多符合学习科学理论、适合中国国情的好方法。在友善用脑课堂教学评价和建立全面、公正、科学、规范、系统的友善用脑课堂教学评价体系过程中，南京江宁区东山小学的经验值得大家学习和借鉴。

三张名片：基于友善用脑的教育评价创新

南京江宁区东山小学

学校教育评价历来是学校、教师和学生家长最关心的问题，尤其是新课程实施以来，很多教育工作者都在感叹：评价不改革，新课程改革寸步难行。同样，在友善用脑理念下的改革实践中，评价体系的改革，就成为大家关注的焦点问题。于是，通过对以往教育评价的分析，发现那些过多地强调甄别、筛选和评判的评价体系，不能适应友善用脑的教学理念，甚至是背道而驰，制约着友善用脑的改革向纵深处发展。故而提出了能保证真实再现学生的表现性评价的策略建议，即以形成性评价来贯穿教育教学管理的始终。形成性评价是开放、清晰、真实的，遍布于整个教学过程和日常表现中，它有足够长的时间跨度，允许学生彻底地学习如何评价，而不像传统的评价那样，只在单元结束或学期结束时执行一次。在评价主体、评价内容、评价方法、评价工具、评价反馈等方面都要凸显并发挥评价的激励功能、诊断功能和发展功能。

建立促进学生发展的形成性评价体系，是当前友善用脑评价改革的重要任务。就管理而言，虽然它们需要更多的时间，但是它们能和教学融合在一起，能给予教师许多新的方法来看到学生的进步和成就。

于是，在友善用脑的教育理念指引下，东山小学的教育评价改革出现了诸多新的提法和做法，产生了一些沉甸甸的智慧。本文结合东山小学基于友善用脑的教育评价改革实践，谈谈其中的做法和成效。

学校因认识到评价中人的存在和价值，于是产生了"以长善而救其失"为指引的学生个人评价，形成"个人名片"；基于"友善用脑"的课堂教学，发现团队的结伴同行更助于培养"人"的发展，于是产生了"用合力来权衡能力"的团队评价，形成"团队名片"；基于评价是为了促进师生的共同发展，推动教育教学及班级共进，于是产生了"友善用脑"班级评价，形成"班级名片"。

学校在实践中摸索日常评价的操作措施和实施方法，以推动评价改革的深入进行，确保对学生评价进行全面、彻底的改革，而非星星点点的修补或蜻蜓点水式的浅尝辄止，用适宜的教育评价为抵达友善用脑教育教学的桃花源搭建了桥梁。

一、个人名片

在教室门口，最鲜艳的那张名片，即为"七色花在绽放"。撷取俄国美丽的童话故事《七色花》为评价媒介，赤橙黄绿青蓝紫的"七色花"，每朵都有七个透明的花瓣，每个花瓣各有一种颜色分外跳跃。它代表着每一个学生在学校文化的孕育下，获得基础的、和谐的全面发展。但又不强求孩子们要面面兼具，而是友善地提出"长善而救其失"，期望孩子们能不断地扬长、扬长、再扬长，以取得鲜明且丰富的个性发展。

评价的过程也充满诗情与童趣。赤色表达文明礼仪优先者，橙色表达勇敢自信，黄色是快乐阳光，绿色代表志愿服务，青色为善学乐学，蓝色者心灵手巧，紫色是琴棋书画专长。这样的七色花朵在无言地诉说着"多一把尺子，就会多出一批好学生"的教育心声。具体评价细则见表1。

表1 "七色花"个性化发展评价表

A级指标	B级指标	评估要点
文明礼仪 (赤色)	礼貌	使用礼貌用语，说话文明，举止大方，彬彬有礼，对人有礼貌，见师长主动问好，与同学和谐相处，虚心接受老师的批评教育。
	守纪	遵守东小常规管理规范，不在学校门口地摊上购买物品、不吃零食、不进网吧，没有不安全行为等现象发生。
	爱心	爱护小同学，关心弱者，关爱生命，能经常帮助困难同学、孤寡老人以及残疾人。
	诚信	诚实守信，遵守约定，做到答应别人的事情。
勇敢自信 (橙色)	勇敢	具有团结友爱的精神，扶助弱小、抵御强暴的正义感；有不怕困难，勇于迎难而上的品质；敢于承认错误，改正错误，不说谎话；敢于同不良现象做力所能及的斗争。
	自信	相信自己我能行，积极参与各种有益的活动，善于与别人交往，敢于在不同场合展示自我。
快乐阳光 (黄色)	体能	积极参加校内外体育锻炼和训练活动，具有田径、球类、武术、棋类、跳绳等某项体育特长，在各级各类比赛表演中表现突出。
	健康	身心健康（含良好的视力以及视力明显提升），乐观向上，能自觉控制自己，正确认识自我，社会适应能力强。
志愿服务 (绿色)	自觉	自觉规范言行举止，见到校园内、班级里等公共场所有纸屑等垃圾会主动捡起，遇见同伴有不良的行为敢于制止。
	管理	主动承担班级或学校值日、服务和管理，表现积极，尽职尽责。
	实践	积极帮助父母做家务，做最佳围裙队员；积极参加社区义务活动，做卫生、环保、消防等活动宣传员；利用课余时间有组织地走上社会、走进大自然，了解名胜古迹，关注社会热点，做文明使者。(以书面材料、图片、视频为依据)
善学乐学 (青色)	阅读	每天坚持看健康有益的课外书，有良好的阅读习惯。
	表达	读书心得、作品能在班级、校园网、校广播站、学校橱窗、电视台、各种报纸杂志等展示、录用、发表。
	合作	在学习、生活、游戏中，能同伴主动配合、分工合作，协商解决问题，协调关系。能倾听别人的意见和建议，能积极与人交流等。

A级指标	B级指标	评估要点
心灵手巧（蓝色）	动手	积极参加校内外各级各类的科技活动，有科技作品、幻想画、小发明、电脑绘画、电子小报、编程等作品获奖等。（提供证书复印件等）
	动脑	积极思考，善于发现，在课堂上、生活中有自己独特的、创新的见解。网站发布，专家评审认可或参赛获奖等。
	创造	细心观察、发现生活中的物品存在的不足，并进行设计、改进或自己发明创造、设计作品，在技能创造室展览或参赛获奖等。
琴棋书画（紫色）	音乐	积极参加校内外音乐兴趣活动，具有声乐、鼓号、古筝、钢琴、电子琴、舞蹈等音乐特长，在各类比赛表演中表现突出。（提供证书复印件等）
	美术	积极参加校内外美术兴趣活动，作品主动在校内展出，具有绘画、素描、国画、剪纸、书法、摄影等美术特长，在各类比赛表演中表现突出。（提供证书复印件等）

于是，任课教师、班主任、学生和家长们都在快乐地发现、欣赏着身边的"七色花"，再通过即时评价和双周评价适时地展现出来。在即时评价中，即时发放相应花色的"阳光卡"并签上评价人的姓名、日期。孩子们则幸福地在卡上填写自己获得此卡的条条理由。双周评价时中队长组织统计本班每种花色"阳光卡"的数量，按得卡多少评出班级"七色花"阳光少年，此时，就会将受表彰学生的照片张贴在班级门口的个人名片上，在大家的称羡和学习中，那种荣誉感和继续努力的内动力会不由自主地被激发。

接下来，还会根据本班同学获得各色阳光卡的张数，每月上报得卡最多的学生各一名，表彰为年级、校级的"七色花"阳光少年，最终会诞生出每年度的"东小之星"。

与此同时，学校的学生"七色花"成长网站上会再现每个学生的个人主页，上面一一记录着他们成长的足迹，大家可随时了解学生的情况，学生也可查看自己获得"七色花"评价的状况,更加清晰自己前进的方向。

"七色花"个性发展评价流程见下图:

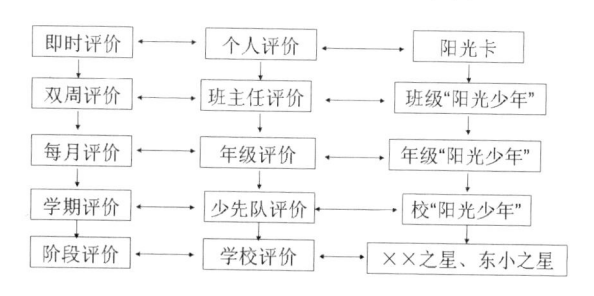

即时评价	←	个人评价	←	阳光卡
双周评价	←	班主任评价	←	班级"阳光少年"
每月评价	←	年级评价	←	年级"阳光少年"
学期评价	←	少先队评价	←	校"阳光少年"
阶段评价	←	学校评价	←	××之星、东小之星

"七色花"个性发展评价流程图

二、团队名片

没有完美的个人,只有完美的团队,优秀的团队成就每一个人。尤其是学生在班级中更是一种交往学习,每个人都应当在保持自己的同时,和他人一起发展。所以,要强调的第二个评价即为团队评价。所以一方面要注重进行学生的个人发展,另一方面也要注重开展团队合作。于是学校推行了以合力权衡能力的团队评价。

团队评价有三种形式:在教师的指导下开展的小组成员间的评价和小组之间的评价以及教师对团队的评价。

1. 小组成员间的评价

要让学生学会与他人沟通,并善于发现别人的优点,培养一定的人际交往能力以及团队合作精神,让小组在和谐共进的情景下进行评价。正如《生存论》中曾说到的那样:"人与人之间是相通的、相融的,是相互依存、相互证明、相互促进、相互成长的。"

学生在小组内通过分工合作明确各自的职责和任务,从而完成学习任务。学生在小组合作学习中可以充分自由地发表自己独特的想法,通过学习讨论,实行小组评价,可以使思路由不清晰变得清晰,不严谨变得严谨,也可以发展良好的倾听与提问的技巧并学会如何与他人沟通。

2. 组间评价

团体的成功有赖于所有成员协同工作,实现理想目标。仅仅要求学生合作并不能确保他们学到社交技巧,必须有目的地实施组间的评价。如:在完成阶段学习之后,可以开展小组之间的评价。评价的内容包括:在这个阶段的学习过程中,哪个小组学得最好?哪个小组在学习过程中进步最大?哪个小组的发言很有新意?……通过以小组为单位的评价可以培养学生之间的团结协作精神,培养一定的社交技巧。随着技巧的内化,能力的提高,就可以让学生有效地与人共事,也可以改善他们的学业成就,甚至发展为受用终身的重要社会技巧。

3. 教师评价

在课堂教学过程中,教师对团队的评价让学生在课堂学习过程中感受到来自团队进步和成功的快乐。

当然,在用具体语言描述团队情况的同时,还要操作的是一些显而易见的评价方式,用三级评价"每日及时评价、双周班级评价和每月年段评价",来促进班级学习型组织的建立。

① 每日及时评价

在班级黑板右侧的及时评价表中,每日由任课教师及时评价。具体评价小组内的自主学习、小组合作、组际交流、班级探究和梳理巩固等相关情况。可以用"加分"或"加星"等方式与学生一起根据团队和团队中个人的表现给予评价,再由学生每天汇总课堂的"星"数或分值,当日分当日清,对小组团队进行整体评价,记录在"每日评价"栏中。每日团队评价表见表2。

表2 南京市东山小学课堂教学每日团队评价表

A级指标	B级指标	评估要点及分值
自主学习	课外自主	团队成员自主学习(完成自学导航)情况。
	课内自主	团队成员自主学习的习惯、独立性、效果等。
团队合作	分工	团队中有主持人、管理人等,各尽其责。
	有序	有序交流,倡导辩论式交流。
	参与	全员参与。
	倾听	学会倾听。
	记录	完善导图,达成共识。
组际交流	表达共识	能表达团队成员达成的共识。
	团队汇报	鼓励团队更多的成员参与汇报,鼓励团队中非优秀的汇报。
	形式多样	发挥团队成员特长,通过诵读、阐述、图画、表演等多种形式汇报。
	倾听、记录	非汇报团队注意倾听、记录完善思维导图。
	质疑、补充	倡导其他团队辩论式质疑、补充。
班级探究	张扬个性	团队成员在学习重难点处有创意。
梳理巩固	冥想	团队成员冥想状态。
	画思维导图	团队成员自我完善思维导图,展示思维导图。
	知识技能训练	完成训练的独立性、正确率。

②双周班级评价

根据每日评价的积分或"星"数,产生班级中的优秀团队,接下来就是将这些每双周评选出的优秀团队照片及简介张贴于教室外,即为"团队名片"。团队名片的展示更好地促进团队之间形成良好的竞争机制,共同进步,也让展示的团队信心倍增。

③每月年级段评价

再将展示的平台提高到年级段,将团队的精神扩大化,在每个年级墙外确定一块年级月评价表,年段部根据班主任上报的材料,对班级产生的优秀团队和管理之星进行每月评价表彰,并在年级荣誉榜中给予展示。这样可以激励所有的学生参与学习,培养和提高大家的自主、合作、探究的能力。

三、班级名片

评价是为了促进师生的共同发展,推动教育教学及班级共进,于是产生了"友善用脑"班级评价,形成"班级名片"。学校每学期评选一次"友善用脑"星级实验班级,根据班级友善用脑研究过程和成果,依据考核方案评选"星级"实验班级,并作为年段部学期教学研究考核重要依据,最高评价为友善用脑五星级实验班级。在评价的过程中,不仅关注班级的课堂教学,还要关注班级环境、创新做法和家校合作等方面。

评课堂教学,要更多地关注"课堂必须能教会学生学习",实现评"教"到评"学",从只看单向传授到看师生是否共同成长。做到三看:一看学习场景的创设,二看学生思考的诱发,三看教学结论的引导。总之,要让"学会学习"成为评价课堂的主要标准,成功的课堂必须是学生学会学习的课堂。

评班级环境,要充满温馨、向上的学习氛围,让环境育人变为实在的展现。用花草等生物点缀班级,以张贴学生作品激励学习都不失为有效的方法。

再加上对班级中一切创新做法的观察和学习,以及家校合作的关注度等一一罗列,再以分数的形式最终转化为衡量班级的友善用脑"*星级实验班级",使得实践被理论再度验证,也会更好地推进班级的实验力度,让每一个班级都成为友善之旅的航船,朝着既定目标前行。具体评价参照见表3。

表3 南京市东山小学星级班级评价表

一级指标	验收标准
物理环境	用花草等生物点缀班级,以张贴学生作品激励学习
	建立班级学习团队形式为六人小组,有良好的师生、生生关系。
课堂教学	日常教学体现友善用脑五步骤、六策略、认真开展友善用脑及时评价、双周评价和年段部月评价。
	执教友善用脑校级公开课。
	学生作品获奖包括思维导图、相关作文等。
创新做法	根据班上研究实际情况,创新开展相关研究活动。
家校合作	家庭物理环境建设,家长认可度。

基于友善用脑的"三张名片"评价体系改革促进了学

生发展、教师提高和改进了教学实践。其中个人名片让我们不仅关注学生的学业成绩，而且发现和发展学生多方面的潜能，了解学生发展中的需求，帮助学生认识自我，建立自信。

比如，张影（化名）是每一个老师、同学都认识的"大人物"。他懒散、邋遢、不思进取。教过他的老师都说用尽了心思，他依然涛声依旧：课堂打盹、开小差，不做作业，考试成绩二三十分。开展友善用脑课堂教学研究，实施形成性评价方式后，张影变了：课堂上他不打盹了，开小差的次数减少了，偶尔的回答问题能得到全班同学的掌声。他成了班级"展翅"团队的一员，因为团队内每一位成员都有责任，他担任纪律组长。在团队中，他有管理责任，也必须接受管理。作业不教不行，有人催；作业不会做不行，有人教。开小差、打盹，有人监督；偶尔因为自己团队得星落后，他也脸红。以前差的是自己一人，现在落后就要拖全组人的后腿。团队中，张影正在一点一点走向进步，自觉完成作业，作业本上有中等、良好了，稀稀疏疏还会有优秀。试卷上的不及格变及格了、中等了，有时还能获得良好成绩。曾经默默无闻的他，有时在课堂上粗壮的手臂直挺挺地超过所有人，被老师点到名答题时，不再神色为难，而是满心欣喜，从他脸上露出的再也不是懒散、不屑，而是求知、渴望，炯炯有神的双眼……老师、同学们都说张影变了。

这样的个人成长的例子还有很多，学校、教师无论是用放大镜发现学生的闪光点，或用反光镜摘掉学生的缺点，还是用显微镜彰显学生的个性，强调的都是评价的改进、激励和发展的功能，淡化的是评价的甄别和选拔的功能。在这样的评价中，每个学生都能真切地感受到教师对自己的关爱和评价的人文关怀，看到自己的优点和长处，找到上进的信心和勇气，在原有的基础上不断取得进步。

而团队名片和班级名片带来的改变也是很显著的。

例如，有一个因特殊原因从其他学校合并过来的班级，起初四年级时，综合素质与平行班差距很大，经过三年努力，虽然小学毕业考试该班三门综合得分与平行班均分比还相差21分，但是三年来该班成绩以年均超过13分的速度递增；虽然该班明星一样的学生极少，但是在学校体育艺术节上，年级仅六项团体赛，该班独揽4项冠军；一年中，该班面向区外上公开课7节，学生的自主学习能力受到多家考察团老师称道，班级接受江苏教育报专访……"我们不是后进班！"这是教学后进班的老师坚持几年友善用脑评价体系，得到全校师生认可后内心自豪的呼唤。

再看整个学校的学生发展状况也呈现出一派喜人态势：一年来学生获奖情况据不完全统计，区级以上六百多项，校级四千多人次，生均1.6项，班级人人获奖。近年来，孩子们的学业水平在区历次测试中均位居前列。

这条评价改革的研究道路也成为教师发展的"催化剂"，成就了一批科研型老师。他们如鱼得水，专业发展盛况空前。大家潜心研究学生、研究课堂，学校也因科研成功、成名，蜚声大江南北，引起广泛关注，接受过诸多教育专家的检验，东小教育实现了由"走出去，请进来"向"走进来，请出去"的华丽转身。据不完全统计，近一年来，学校教师对外、应邀外出上公开课200多节，讲座百人次。一时间，高朋满座，广迎四海，友善用脑的研究也在一次次的碰撞与交流中闪烁出智慧的火花，得到不断前进的动力。

不由地感叹：评价是为了什么？东山小学的基于"友善用脑"的教育评价，就在向大家传递着这最朴素的回答：评价是为了人的发展。而以"三张名片"的新创意来助力学校评价，则让东山小学的友善之旅变得更加多姿多彩且幸福满怀，也会让教育改革路上的同行者们回味悠长！

（王红梅等执笔）

课堂教学评价从根本上说，是教育理念在学校工作中的具体反映，当课堂教学形式发生根本变化的时候，课堂教学评价必须改变。中国正在面临深入的教育改革，不论我们在教育改革的进程中如何探索，坚持以学生发展为中心的教育思想，坚持以提高学生学习能力的课堂教学导向，坚持形成性评价对学生发展的全面促进，这一教育改革的方向是不能变的。我们期待全面、公平、科学、规范、系统的课堂教学评价体系，能为学生全面发展撑起一面光明的蓝天！

结束语：迈向未来的教育

当我们攀越于学习科学高峰的崎岖山路，当我们遨游于友善用脑课堂教学的辽阔海洋。荡胸的层云，再一次让我们以超然的目光审视教育的真谛；斑斓的海底，向我们展示着沙隐宇宙、水映大千的生物世界的五彩个性。就在我们准备驻笔、让我们和您之间探讨学习科学、友善用脑的交流暂时告一段落的时候，一个个问题就像一个个急切要跳到计算机屏幕上的字符；又像在强劲的季风推涌下驰骋的风帆，伴随着羊年春节晚会，飘落在神州大地上的两亿个"电子红包"和"换头术"从科幻的梦影，变为实验室的科研项目，涌入了我们的脑海：

日新月异的科学技术，带来了社会文化的变迁。

未来的孩子会有什么样的思维？

今后的学习又是什么样子？

科学技术给人提供的便捷，能给社会化的学习行为带来多少帮助？又能给学习带来什么样的困惑？

在新的社会经济技术背景下，学习科学要怎么发展？友善用脑又会让课堂发生什么样的变化？

就像美国前教育部长雷利（Richard Riley）所说："2010年

最迫切需要的工作在2004年根本不存在。我们必须教会现在的学生毕业后投入目前根本不存在的工作,使用还没发明出来的科技,解决我们从未想到过的问题。"也许正是这些我们不知道、想不到的技术和问题构成了未来社会,而未来社会又从他们变幻莫测的魔盒里,不断地给我们的孩子,抛出了一个又一个刁钻的难题,挑战着我们的孩子、考问着今天的教育!

于是我们在想:技术的发展张扬了个性,人的社会化本质,在技术的"围追堵截"下会不会遗失?在社会与个性的博弈中,人类的学习应该坚守什么?人类对学习的改造和改造后的学习会给人类交出一张什么样的答卷?

也许人类压根就不知道我们从哪里来?也许人类根本不知道我们要走到哪里去?学习科学反复追问的人是怎么学习的?学习又能给人类带来什么?是不是上帝留给人类的真命题?屈原的《天问》,绝不仅仅是他学识和艺术才华的展现,更是他对什么是人?人的生命价值到底是什么的哲学意义上的思辨。

我们忽然领悟:不管技术如何发展,社会怎样进步,"人"的价值永远是第一位的!今天的教育和学习,明天的发展和进步,都是为了今天、明天和以至未来的"人"的幸福!

反观我们的教育,追寻孩子的幸福。一个弯腰、低头、爬坡人的形象闪现在我们眼前,处在改革深水区的中国教育,需要弯腰:积蓄力量——奋力前行!更需要低头:认真思索——找准方向!

罗丹的"思想者",带给我们的不仅仅是艺术的震撼,更多的应该是思想的启迪!愿学习科学、友善用脑能给中国教育带来一股清风,能给成长中的孩子,带来快乐和幸福!

参考文献

1. 中国社会科学院语言研究所词典编辑室：《现代汉语词典（第5版）》，商务印书馆，2005年版。

2. （丹）克努兹·伊列雷斯：《我们如何学习》，孙玫璐译，教育科学出版社，2010年版。

3. 史忠植：《认知科学》，中国科学技术大学出版社，2008年版。

4. 钱学森：《钱学森论系统科学（讲话篇）》，科学出版社，2011年版。

5. 陈学恂，张瑞璠等：《中国教育史研究（先秦分卷）》，华东师范大学出版社，1991年版。

6. （美）R.基思·索耶：《剑桥学习科学手册》，徐晓东等译，教育科学出版社，2010年版。

7. 韩世辉，朱滢：《认知神经科学》，广东高等教育出版社，2007年版。

8. （美）约翰·D.布兰思福特等：《人是如何学习的》，程可拉，孙亚玲，王旭卿译，华东师范大学出版社，2013版。

9. 王保星：《外国教育史》，北京师范大学出版社，2008

年版。

10. （德）赫尔巴特：《普通教育学：教育学讲授纲要》，李其龙译，人民教育出版社，1989年版。

11. 李尚卫，吴天武：《普通教育学》，北京师范大学出版社，2010年版。

12. （新西兰）克里斯蒂·沃德等：《友善用脑加速学习新方法》，王斌等译，天津社会科学院出版社，2003年版。

13. （美）华勒斯坦等：《科学·知识·权利》，生活·读书·新知三联书店，1999年版。

14. （英）布丽姬特·贾艾斯：《神经心理学》，杜峰译，黑龙江科学技术出版社，2007年版。

15. 杜广，卜彦青等：《〈黄帝内经〉"脑"字的统计分析研究》，2012中医针灸北京论坛文献理论研究与针灸学科发展论文集，中国针灸学会针灸文献专业委员，北京针灸学会。

16. 陈宜张：《探索脑科学的英才》，上海教育出版社，2009年版。

17. 全国十二所重点师范大学：《心理学基础》，教育科学出版社，2007年版；

18. 寿天德：《神经生物学》，高等教育出版社，2001年版。

19. R. 赖丁，S. 雷纳：《认知风格与学习策略——理解学习和行为中的风格差异》，庞维国译，华东师范大学出版社，2003年版。

20. 经济合作与发展组织：《理解脑——新的学习科学的

诞生》，周加仙等译，教育科学出版社，2010年版。

21. 罗伯特·L. 索尔所，M. 金伯利·麦克林，奥托·H. 麦克林：《认知心理学（第7版）》，邵志芳，李林等译，上海人民出版社，2008年版。

22. （美）兰纳·内肯：《你的孩子属于那种思维类型？》，张学萌译，中信出版社，2008年版。

刘长林：《中国系统思维》，中国社会科学出版社，1990年版；

张淑华，朱启文，杜庆东，张辉：《认知科学基础》，科学出版社，2007年版；

王亚南：《思维发展的心理机制研究》，安徽人民出版社，2006年版。

23. 北京市学习科学学会，北京教育科学研究院：《北京市中小学、职业学校学情抽样调查分析报告》，北京出版社，2012年版。

24. （美）保罗·丹尼逊 姬尔·丹尼逊：《健脑操26式》，何兆灿，蔡慧明译，江苏教育出版社，2007年版。

25. 许慎撰：《说文解字》，中华书局，1963年版。

26. 董方奎，陈夫义：《梁启超论教育》，海南出版社，2007年版。

27. （美）罗伯特·J. 马扎诺：《有效的课堂评价手册》，邓妍妍，彭春艳译，教育科学出版社，2009年版。

后 记

"学习"是一个值得研究的大课题,特别是孩子在课堂上应该如何学习,更是中国教育直面的一个现实问题。自从友善用脑引入中国之后,长达十几年的时间,我们在周之良先生的带领下,形成了一个具有"雪球效应"的研究和实践团队,很多专家、学者、校长、老师积极投入到友善用脑的研究和实践中,大家一起收获了老师们的喜悦、学生们的笑脸和孩子们乐学会学的成绩!这本书正是这些研究和实践的总结,严格地说这本书的真正作者应该是这些老师和学生们。我们不过是文字的记录和整理者。

本书讨论了什么是学习以及教育学与学习学的差异,了解了人类对大脑的认识过程以及大脑在学习中的基本功能,探讨了学习科学指导下的课堂教学的基本范式和课堂教学基本策略。方中雄承担了第一章第一节、第二节、第三节,第三章第一节、第二节的撰写工作,李荐承担了第二章第一节、第三节,第三章第三节的撰写工作,熊静敏承担了第二章第二节的撰写工作。周之良先生审读了全书,并提出了很好的修改意见。王麟鹏、朱立祥审读了本书第二章的内容,并提出了修改建议。时龙、曾天山、马宪平、刘贵华、耿申、吴武、褚宏启、高益民、马福贵、胡新懿、朱慧、张卫光、罗滨、刘晓昶、闫伟、蔡小平、王红梅等在课题研究和实践中给予了具体指导和帮助。杨建、王璐、张记书、马昕玮、赵凤娟、吴丹、王鹏宇、石玉花、张天宇等为本书资料查询和案例整理做了大量工作。在此一并表示感谢！

把学习科学的理论落实到课堂上，需要教育基点的转变，只有所有教育人自觉地把孩子放在课堂的中心地位，一切为了孩子的发展和成长，课堂才能变成孩子学习的乐园。学科知识在学生成长过程中确实发挥着一定的作用，但是学科知识只能是孩子增长能力的途径和手段，而不能成为孩子学习的根本目的。

在我们研究学习科学、探讨友善用脑的过程中，我们再一次深刻地感受到了中国教育人面临的巨大挑战和承担的重大责任，为了民族的复兴、中华的崛起，为了辉煌灿烂的"中国梦"，让我们勇敢地挺起腰杆、坚定地承担着这份历史重任吧，中国的未来在我们每一个教育人的手中！

李荐　方中雄
2015年3月5日